国家级职业教育规划教材
全国技工院校现代物流专业教材（中级技能层级）

物流信息技术

（第二版）

人力资源社会保障部教材办公室组织编写
卢　栋　主　编

中国劳动社会保障出版社

简　介

本书根据技工院校现代物流专业的教学实际编写，介绍了物流中常用的信息技术，主要内容包括自动识别与数据采集技术、信息传输技术、地理信息技术、物流自动化技术、物流管理信息系统、物联网与云计算技术。为了使学生掌握各类信息技术在不同物流环节中的应用，本书还针对每一项信息技术设计了技能训练的有关内容。

本书由卢栋任主编，周珠任副主编，吴建、付乃考参加编写。

图书在版编目(CIP)数据

物流信息技术/卢栋主编. --2版. --北京：中国劳动社会保障出版社，2020

全国技工院校现代物流专业教材. 中级技能层级

ISBN 978-7-5167-4361-4

Ⅰ.①物…　Ⅱ.①卢…　Ⅲ.①物流-信息技术-中等专业学校-教材　Ⅳ.①F253.9

中国版本图书馆CIP数据核字(2020)第044913号

中国劳动社会保障出版社出版发行

（北京市惠新东街1号　邮政编码：100029）

*

北京市艺辉印刷有限公司印刷装订　新华书店经销

787毫米×1092毫米　16开本　9.5印张　179千字

2020年4月第2版　2021年6月第2次印刷

定价：19.00元

读者服务部电话：(010) 64929211/84209101/64921644

营销中心电话：(010) 64962347

出版社网址：http://www.class.com.cn

http://jg.class.com.cn

前　言

全国中等职业技术学校物流专业教材出版于2006年，并于2013年进行了首次修订和补充。近年来，随着经济的发展和技术的更新，物流行业已经进入新的发展阶段，物流企业对从业人员的知识水平和职业能力提出了更高的要求。为了适应这些变化，培养更加符合物流企业需求的中级技能人才，我们组织了一批教学经验丰富、实践能力强的一线教师和行业、企业专家，在充分调研的基础上，对现有教材进行了新一轮修订和补充。

本次修订和补充的教材包括《现代物流基础（第二版）》《物流设施设备（第三版）》《物流成本管理基础（第三版）》《商品检验与包装（第三版）》《采购基础知识与技巧（第三版）》《物流运输基础与实务（第三版）》《仓储基础知识与技能（第三版）》《配送基础知识与实务（第二版）》《物流信息技术（第二版）》《物流客户服务》《货物养护作业实务》和《叉车作业实务》。

本次教材修订和补充工作的重点主要体现在以下几个方面：

第一，突出教材的实用性。本着“学以致用”的原则，新版教材的结构和内容根据物流企业的工作实际进行了调整和更新，对操作性较强的课程，教材在编写中采用任务驱动或理实一体化的模式，突出对学生实际操作能力的培养。

第二，突出教材的先进性。新版教材根据物流行业的现状和发展趋势，尽可能多地体现新知识、新技术、新方法、新设备，以期缩短学校教育与企业岗位需求的距离，同时，严格执行国家最新技术标准。

第三，突出教材的易用性。新版教材充分考虑学生的认知规律，注重利用图表、实物照片和案例辅助讲解知识点和技能点，部分教材还配有操作视频，学生扫描相应二维码即可观看，为学生营造生动、直观的学习环境，激发学生的学习兴趣。同时，新版教材还配有电子课件，便于教师开展教学工作，提高教学效率。

本套教材的编写得到了有关省市教育部门、人力资源社会保障部门和一批职业院校的大力支持，教材编审人员做了大量的工作，在此，我们表示诚挚的谢意！同时，恳切希望广大读者对教材提出宝贵的意见和建议。

人力资源社会保障部教材办公室

目录

绪论

一、物流信息概述

1. 物流信息的概念

物流信息是反映各种物流活动的资料、数据、文件的总称。狭义上的物流信息是指直接产生于物流活动的信息，如在运输、包装、装卸、流通加工等活动中产生的信息；广义上的物流信息还包括与其他流通活动有关的信息，如商品交易信息、市场信息等。物流信息与物流过程中的运输、保管、装卸、包装等各种功能有机结合在一起，是整个物流活动顺利进行不可缺少的关键要素之一。

2. 物流信息的特点

（1）更新速度快、实时性强

物流活动各个环节（如运输、订货、配送等）所产生的信息往往随着每一项业务活动的进行而随时更新。例如，运输过程中的货物位置、车辆速度等信息是不停变化的。在这种情况下，物流活动对信息收集、加工、处理速度的要求很高。

（2）种类多、来源广

物流信息种类多、来源广，既包括物流系统内部各个环节中不同种类的信息，也包括与生产系统、供应系统等其他系统相关的信息，因此，物流信息的分类、研究、筛选等工作难度很高。此外，不同类别的物流信息特点还有所不同。例如，物流系统产生的信息需要向社会提供，因而要全面、完整，而收集的其他系统信息则要根据物流需求予以选择。

二、物流信息的分类

1. 按物流信息的作用分类

（1）计划信息

计划信息主要包括仓库吞吐量计划、车皮计划等与物流作业计划有关的信息，有时也延伸指与物流活动有关的投资计划、采购计划、建设计划等信息。计划信息对物流活动具有重要意义，往往是物流战略决策或重大业务决策不可缺少的依据。

（2）控制及作业信息

控制及作业信息包括库存种类、库存量、载运量、运输工具状况、运价等信息。控制及作业信息的特点是动态性强、更新速度快、时效性强，其作用是控制和调整正在发生的物流活动和指导下一次即将发生的物流活动，以实现对物流过程的控制和对业务活动的微调，它是物流活动中不可缺少的信息。

（3）统计信息

统计信息是一种总结性、归纳性的信息，如上一年度发生的物流量、运输方式、运输工具使用量、装卸量以及与物流有关的商品产量、贸易数量等。统计信息的作用是正确掌握过去的物流活动规律，以指导物流工作发展和计划制订。

（4）支持信息

支持信息是指能对物流计划、业务、操作产生影响的文化、科技、法律、教育、民俗等各方面的信息，如物流技术的革新、物流人才的需求等信息。支持信息对物流活动的控制、操作有重要的指导作用。

2. 按在物流活动中的功能分类

（1）订货信息

订货信息反映了企业对物资的品种、规格、数量等的需求，是进行外部订货或补货作业的原始信息。

（2）库存信息

库存信息反映了企业库存物资结构、数量、状态等状况，是企业库存状况的集中体现，也是企业进行库存分析、调整订货方式的依据。

（3）生产信息

生产信息反映了企业的生产规模、水平、结构，以及产品生产计划和为市场提供的物资数量等情况。

（4）发货信息

发货信息是企业进行物流运输活动的基本数据，它反映了企业的销售形态、规模、方向、水平等情况，是企业进行物流运输配送作业的主要信息。

（5）管理信息

管理信息是物流信息中最重要的部分，企业从管理控制的角度对订货信息、库存信息、生产信息、发货信息进行收集、分析、统计、集成，得到相关的管理信息。管理信息是进行物流活动的主要信息依据。

3. 按物流活动的要素分类

按照物流活动要素不同，物流信息可以分为运输信息、存储信息、装卸信息、流通加工信息、包装信息等，还可进一步细分为集装箱信息、托盘交换信息、库存量信息、火车运输信息、汽车运输信息等。

三、物流信息技术概述

1. 物流信息技术的概念

物流信息技术是指在物流各个作业环节中应用的现代信息技术，它是物流现代化的重要标志。随着信息技术的飞速发展，物流信息技术也成为物流技术中发展最快的领域。

2. 物流信息技术的种类

常见的物流信息技术主要包括自动识别与数据采集技术、信息传输技术、地理信息技术、物流自动化技术、物流管理信息系统、物联网与云计算技术等，这些技术还可以进一步细分为条码识别技术、射频识别技术、计算机网络技术、电子数据交换技术等。在这些信息技术的支撑下，形成了以移动通信、资源管理、监控调度管理、自动化仓储管理、客户服务管理、财务管理等多种业务集成的一体化现代物流信息系统。

3. 物流信息技术的作用

物流活动的一大特点是环节层次多、信息量大，而且物流信息变化性强。物流信息技术的应用能充分提高物流活动的及时性、准确性和有效性，对物流活动有极为重要的促进作用。

首先，物流信息技术可以提高物流工作效率。传统人工操作往往费时费力，中间环节多，差错率高，而诸如条码识别等物流信息技术快速高效、准确率高，并能实现很多传统方式无法实现的功能，因此，使用物流信息技术可以使物流工作的操作效率和管理效率成倍提高。

其次，物流信息技术可以降低物流成本，提高企业整体效益。使用物流信息技术通常可以节省大量的人工，加快货物和设备周转，提高仓储和运输等类设施设备的利用率，降低存货费用，并减少因差错率高等因素造成的多余成本，从而为企业创造更多利润。

最后，物流信息技术还可以提高企业的服务水平和管理决策水平，提高企业竞争力。使用物流信息技术可以加强物流活动各环节之间的联系（如企业与供应商、客户的联系，以及企业内各部门的联系），增强沟通的透明度和及时性，并进而提升物流服务的水平。使用物流信息技术还可以使企业的管理者更准确地了解物流业务运行状况，掌握供应方、需求方和物流活动执行者的准确信息，合理调配优化物流运作过程，从而进行科学管理，做出合理决策。

四、物流信息技术的发展趋势

1. 数据挖掘技术将提升物流业发展水平

经过多年发展，很多物流企业都积累了海量的物流业务数据资源，以及上下游企业的共享数据。如何整合数据并进行深入的数据挖掘，为经营决策提供支持，为业务运行提供分析与预警，与供应链上下游企业共享数据，从而实现相互协同？这就需要对杂乱无章的原始数据进行分类整理，运用数据挖掘技术分析出需要的信息，因此，数据挖掘技术将是未来物流信息技术一个重要的发展方向。

2. 物流业将全面走向智慧物流的时代

智慧物流是指通过智能硬件、物联网、大数据等智慧化技术与手段，提高物流系统分析决策和智能执行的能力，提升整个物流系统的智能化、自动化水平。随着互联网技术、物联网技术、云计算技术及数据挖掘技术在物流行业的应用日益深入、普遍，物流业将全面走向智慧物流的时代。

3. 云服务将会在物流行业广泛应用

云服务是指通过网络以按需、易扩展的方式所获得的服务。出于节约成本的考虑，由第三方为用户提供的公有云服务在中小物流企业的应用将会越来越广，而用户单独创建的私有云在大中型物流企业的应用会比较多。更多的时候，公有云、私有云会同时存在。随着公有云安全性等核心问题的解决，最终私有云可能转移到公有云。

第一章　自动识别与数据采集技术

随着经济的发展，商品的流动范围日益扩大，商品的生命周期逐渐缩短，用户交货期也越来越短，这些都对物流服务的可控性提出了更高的要求，而自动识别与数据采集技术就是实现这一目标的重要手段。动态货物或移动载体（如车辆、轮船等）包含很多信息（如货物的名称、数量、重量、出产地，或者移动载体的名称、牌号、位置、状态等），这些信息是物流的基础信息，会在物流中反复使用，正确、快速读取动态货物或移动载体的信息并加以利用，可以显著提高物流的效率。

第一节　自动识别与数据采集技术概述

一、自动识别与数据采集技术的概念、特点和应用

1. 自动识别与数据采集技术的概念

自动识别与数据采集技术（AIDC）是对字符、影像、条码、声音等记录数据的载体进行机器自动识别，自动地获取被识别物品的相关信息，并提供给后台计算机系统完成相关后续处理的一种技术。它是一种高度自动化的信息或者数据采集技术，主要包含自动识别、数据采集和移动计算三个方面的内容。

2. 自动识别与数据采集技术的特点和应用

自动识别与数据采集技术是以计算机技术和通信技术的发展为基础的综合技术，它是信息数据自动识读、自动输入计算机的重要方法和手段，是一种高度自动化的信息技术。这种技术识别速度快、误码率低，与人工数据输入相比有无可比拟的优势。

该技术广泛应用于商品零售、物流运输、邮政通信、电子政务、工业制造等多个

领域，在经济发展中发挥着越来越重要的作用。

二、常见的自动识别与数据采集技术

1. 条码识别技术

条码识别技术主要包括编码技术、符号表示技术、识读技术、生成与印制技术、应用系统设计技术等。条码识别技术的核心是条码符号，条码符号由一组规则排列的条、空以及相应的数字字符组成，这种用条、空组成的数据代码可以供机器识读，而且很容易译成二进制数和十进制数。这些条和空可以有各种不同的组合方法，从而构成不同的图形符号，即各种符号体系（也称码制）。不同码制的条码适用于不同的应用场合。

2. 光学字符识别技术

光学字符识别技术（OCR）是图形识别技术的一种，它能够通过光学机制来识别字符，将图形转换为文字信息。

3. 射频识别技术

射频识别技术（RFID）是一种通过射频信号识别目标对象并获取相关数据信息的非接触式自动识别技术。射频识别技术使用一种特殊标签，这种标签具有体积小、容量大、寿命长、可重复使用等特点，可支持快速读写、非可视识别、移动识别、多目标识别、定位及长期跟踪管理。这种技术与互联网技术、通信技术等相结合，可实现全球范围内的物品跟踪与信息共享。随着与传统网络的结合，这种技术展现出巨大的应用潜力。

4. 磁条（卡）识别技术

磁条（卡）是将一层薄薄的磁性材料（也称为涂料）黏合在纸或塑料等非磁性基片媒介上制成的，这些磁性材料用树脂黏合剂将呈定向排列的铁性强化粒子严密地黏合在一起。磁卡属于磁记录介质卡片，通常，磁卡的一面印有说明或提示性信息（如插卡方向），另一面则有磁层或磁条，有 2～3 个磁道以记录有关数据信息。

5. 接触式智能卡识别技术

接触式智能卡是将具有信息处理能力和加密存储功能的集成电路芯片嵌装在一个与信用卡一样大小的基片中，通过识读器接触芯片可以读取芯片中的信息。它的特点是具有独立的运算和存储功能，在无源情况下，数据也不会丢失，数据的安全性和保密性都非常好，成本适中。智能卡与计算机系统相结合，可以很方便地采集、传输、加密和管理各种信息，在银行、公路收费、自来水收费和燃气收费等许多领域得到了广泛应用。

6. 生物识别技术

生物识别技术是通过人体生物学或行为学特征识别、核实个人身份的一种自动识别技术，包括指纹识别、视网膜识别和面部识别等。能够用来鉴别身份的生物特征应该具有广泛性、唯一性、稳定性和可采集性。

7. 语音识别技术

语音识别技术是一种将声音转换成文字信息的技术，其最大特点是不用手工录入信息。这种技术适用于在采集数据时还要使用手或脚的工作场合，以及键盘打字能力较弱的人。目前语音识别技术最大的问题是识别率较低，连续高效应用尚有难度，更适合于语音句子量集中且反复应用的场合。

第二节　条码识别技术

【引导案例】

条码识别技术在海尔集团的应用

海尔集团（以下简称海尔）物流信息中心结合先进的条码识别技术，开发了条码全程追踪系统。海尔在物流方面主要采用托盘条码、物料条码、仓位条码、成品条码、工位条码、操作人员条码及设备条码等。通过应用条码识别技术，整个海尔制造系统实现了从原材料按单采购、按单配送、按单生产到成品按单装车、按单配送的全程可视化追踪。

1. 原材料收货扫描

海尔的零部件供应商在送货时，货物外包装上都贴有符合海尔物流标准的物料标签，标签内容包括物料号、送货数量、订单批号、供应商名称等，每种内容除了用数字或字母标明外，还必须配有准确的条码信息。这样海尔员工在收货时，通过对条码信息扫描，就可以将供应商的送货信息实时传递到ERP（企业资源计划）系统中，实现按照采购订单收货。扫描系统不仅具有记录功能，还能够根据后台ERP采购订单信息进行自动判断，对不符合的信息自动关闭闸口，避免人为因素对收货操作的干扰。

2. 原材料仓储配送扫描

海尔实行按订单制造的模式，生产线订单的信息通过ERP系统与看板系统相连，物料配送信息会自动传递给物流仓库中的无线条码扫描终端，配送中心按照订单信息拣配，并根据生产线的信息配送至工位。

3. 成品下线扫描

成品生产完毕装箱后，扫描系统在下线点使用有线条码扫描终端扫描成品条码，搜集生产完工信息，并自动在ERP系统中对在物料配送过程中增加的工位库存进行反冲，确保下次物料配送的准确性。同时，扫描系统根据ERP系统中的订单信息，对下线产品的数量、型号进行控制，避免造成无订单或超订单生产。

4. 成品出入库扫描

成品在收货时进行入库扫描，系统自动记录货物型号、货物数量、储位等信息并实时记录，同时和后台ERP系统的运单或交货单信息进行核对，对错误信息实时控制，提高效率。在出库操作时，根据提货单，系统自动提示出库储位，系统可根据成品库龄按先进先出原则指导出库，并在后台自动记录，每天、每种产品的库存和库龄一目了然。

5. 成品装车发货扫描

成品在装车时，扫描系统使用无线条码扫描终端扫描成品条码，记录装车车号、产品型号、数量等关键信息，并实时和后台ERP系统的订单信息进行校对，对错装、漏装、多装或不按照订单装货等错误操作进行控制，有效避免了无效作业。同时，通过扫描成品运单号和装卸产品，可以实时监控装车效率，实现成品运输装车零等待。车辆与每个集装箱的货物一目了然，计算机能够自动校验审核，实现大量准确发货。

全过程的条码识别技术应用使海尔的库存信息准确率和出入库信息准确率大大提高，库存资金减少；同时，实现了可视化的仓库管理、成品运输的透明追踪和无纸化的作业环境，而且能够做到各环节责任到人，并对非按单作业自动控制，从而节约了大量资金，提高了企业的核心竞争力。

一、条码识别技术概述

条码识别技术起源于20世纪40年代，是流通领域的革命性技术之一。条码可以标示物品的名称、生产日期、类别、生产地、制造企业、运输起止地点等许多信息，在商品流通、图书管理、邮政、银行等许多领域都有广泛的应用。

1. 条码概述

（1）条码和条码系统

条码是将宽度不等的多个黑条（简称条）和空白（简称空）按照一定的规则排列，

用以表示一定信息的图形标识符，如图 1-1 所示。条码是代码的一种。常见的条码由反射率相差较大的黑条和白条平行排列而成。

图 1-1　条码

条码系统是指由条码符号设计、制作及扫描识读等部分组成的系统。条码系统主要由条码编码方式、条码机、条码扫描器、编码器、解码器和应用界面等元素构成。

（2）条码符号的组成

一个完整的条码符号一般依次由空白区（前）、起始符、数据符、分隔符、校验符、终止符、空白区（后）组成。

空白区是指条码符号外侧与空的反射率相同的有限区域，它能使识读器进入准备识读的状态。一维条码的空白区位于起始符、终止符两端外侧，二维条码的空白区位于二维条码符号的两侧或四周。

起始符和终止符是指位于条码开始和结束位置的若干条与空，标志条码的开始和结束，并提供码制识别信息和识读方向的信息。

数据符是位于条码中间的条、空结构，它包含条码所表达的特定信息。

校验符用于检验读取到的数据是否正确，不同编码规则可能会有不同的校验规则。

分隔符是位于条码中间位置的若干条与空。

（3）条码的特点

1）可靠性强。键盘输入数据错误率为 1/300，光学字符识别技术的错误率为万分之一，而条码技术的误码率低于百万分之一。

2）效率高。条码的读取速度很快，每秒能读取约 40 个字符。

3）成本低。与其他自动识别技术相比，条码技术仅仅需要一小张贴纸和构造相对简单的光学扫描仪，成本相当低廉。

4）易于制作。条码的编写很简单，仅需印刷即可制作，被称为“可印刷的计算机语言”。

5）易于操作。条码识别设备构造简单，使用方便。

6）灵活实用。条码符号可以手工键盘输入，也可以和有关设备组成识别系统实现自动化识别，还可和其他控制设备连接实现整个系统的自动化管理。

（4）条码的码制

条码的码制是指关于条码符号的类型、数据的表示方法、条码字符集（某种条码所能表示的字符的集合）和编码容量（条码字符集中所能表示的字符数的最大值）等特征的规定。每种码制都有固定的编码容量和特定的条码字符集。例如，EAN 条码、UPC 条码，GS1-128 条码、ITF 条码（交叉二五条码）、三九条码、九三条码、库德巴条码等都是常用的一维条码码制。

国际上通用的条码码制有 EAN-13 条码、ITF-14 条码和 GS1-128 条码三种。选用条码时，要根据货物的不同和商品包装的不同采用不同的条码码制。单个大件商品（如电视机、电冰箱、洗衣机等商品）的包装箱往往采用 EAN-13 条码。储运包装箱常常采用 ITF-14 条码或 GS1-128 条码，包装箱内可以是单一商品，也可以是不同的商品或多件商品的小包装。

2. 条码的类型

按照维数不同，条码可以分为一维条码和二维条码。

（1）一维条码

一维条码（见图 1-2）只在一个方向（一般是水平方向）表达信息，而在垂直方向不表达任何信息。一维条码的信息靠条和空的不同宽度和位置来传递，信息量的大小由条码的宽度和印刷的精度决定。条码越宽，条码印刷精度越高，条码的信息量就越大。

一维条码可以提高信息录入的速度，减少差错率，但也存在一些不足之处。例如，一维条码编码容量较小，只能包含字母和数字，保密性不强，条码尺寸相对较大（空间利用率较低），条码遭到损坏后便不能识读。

图 1-2　一维条码

按码制不同，一维条码又可以分为许多类型。其中常用的码制有 UPC 条码、EAN 条码、二五条码、交叉二五条码、三九条码、九三条码、库德巴条码、128 条码，以及专门用于书刊管理的 ISBN 条码、ISSN 条码等。商品上最常使用的是 EAN 条码。

1）UPC 条码。UPC 条码是一种长度固定、连续型的条码，由于其应用范围广泛，故又被称为万用条码，主要用于美国和加拿大。UPC 条码仅可用来表示数字。UPC 条码共有 A、B、C、D、E 五种版本，常用的商品条码版本为 UPC-A 条码和 UPC-E 条码，如图 1-3 所示。UPC-A 条码是标准的 UPC 通用商品条码版本，UPC-E 条码为 UPC-A 条码的压缩版。

图 1-3　UPC-A 条码和 UPC-E 条码

UPC-A 条码的代码结构包括厂商识别代码（6 位，包括系统字符 1 位）、商品项目代码（5 位）和校验码（1 位）三部分。UPC-A 条码的代码结构中没有前缀码，它的系统字符为 1 位数字，用以标识商品类别。

2）EAN 条码。EAN 条码是一种国际性的条码系统，由国际物品编码协会负责各会员组织的国家（地区）代表号码分配与授权，再由各会员组织的商品条码专职机构对其国家（地区）的制造商、批发商、零售商等授予厂商识别代码。EAN 条码与 UPC 条码兼容，两者具有相同的符号体系。EAN 条码的编码结构与 UPC 条码相同，也是长度固定、连续型的数字式码制，其字符集是数字 0～9。它采用 4 种元素宽度，每个条或空是 1、2、3 或 4 倍单位元素宽度。EAN 条码分为标准版 EAN-13 条码和缩短版 EAN-8 条码两种类型。

① EAN-13 条码。EAN-13 条码是国际物品编码协会在全球推广应用的商品条码，用于表示 13 位商品代码，其符号结构如图 1-4 所示。

图 1-4　EAN-13 条码的符号结构

为了确保条码右侧空白区的宽度，可在条码右下角加“＞”符号，该符号位于终止符右边缘的右侧。

EAN-13 条码所表示的 13 位代码分为 4 个部分。最左边的 2～3 个数字表示国家或地区，由国际物品编码协会分配给各个国家或地区。此外，一些特定种类物品也有专门的前缀码，如连续出版物前缀码为 977，图书为 978 和 979。位于前缀码后的 7～9 位数字为厂商识别代码，由各个国家或地区的物品编码组织统一分配，作为厂商的唯一标志。接下来的 3～5 位数字为商品项目代码，由厂商自行编制，用于识别商品。最后 1 位数字是校验码，用于校验代码的正确性。

例如，条码 6901234567892 中，690 为前缀码，表示中国，1234 为厂商识别代码，56789 为商品项目代码，最后的 2 为校验码。

② EAN-8 条码。EAN-8 条码是 EAN-13 条码的缩短版，主要用在条码印刷面积较小的商品上。其符号结构与 EAN-13 条码类似，如图 1-5 所示。为了确保左右侧空白区的宽度，可在条码左下角加“＜”符号，在条码右下角加“＞”符号，分别位于起始符左边缘的左侧和终止符右边缘的右侧。

EAN-8 条码所表示的 8 位代码分为前缀码、商品项目代码和校验码。由于没有厂商识别代码，因此，使用 EAN-8 条码的企业必须向中国物品编码中心申请 EAN-8 条码，由其统一制定，以保证条码的唯一性。

3）二五条码（标准二五条码）。二五条码是根据宽度调节法编码，并且只有条表示信息的非连续型条码，如图 1-6 所示。二五条码的每一个条码字符由规则的 5 个条组成，其中有 2 个宽单元和 3 个窄单元，故称为二五条码。它的字符集为数字0～9。

图 1-5　EAN-8 条码的符号结构

1 2 3 4 5 6

图 1-6　二五条码

4）交叉二五条码。交叉二五条码（ITF）是一种长度可变的连续型自校验数字式码制，其字符集为数字 0～9，如图 1-7 所示。它采用两种元素宽度，每个条和空是宽或窄元素。编码字符个数为偶数，所有奇数位置上的数据以条编码，偶数位置上的数据以空编码，相邻的奇、偶数位上的条码字符分别由 5 个条和 5 个空交叉表示。如果字符个数为奇数，则在数据前补一位 0，以使字符为偶数个数位。交叉二五条码用于识别和运输商品，以及国际航空系统的机票顺序编号等，它识读率高，可用固定扫描器扫描。

其中，ITF-14 条码在运输包装中应用非常广泛，它是一种连续型、定长、具有自校验功能，并且条、空都表示信息的双向条码。ITF-14 条码由矩形保护框、左侧空白区、条码字符（分为起始符、7 对数据符和终止符）、右侧空白区组成，如图 1-8 所示。

99911202

图 1-7　交叉二五条码

图 1-8　ITF-14 条码的符号结构

ITF-14 条码对印刷精度要求不高，比较适合用热转换或喷墨方式直接印制于表面不够光滑、受力后尺寸易变形的包装材料（如瓦楞纸或纤维板）上。

5）三九条码。三九条码是可双向扫描的离散型自校验字母数字式码制，如图 1-9 所示。其字符集为数字 0～9、26 个英文大写字母和特殊字符（“+”“-”“$”“•”“/”“*”“%”和空格）。三九条码的每个字符由 9 个单元组成，其中有 5 个条（2 个宽条，3 个窄条）和 4 个空（1 个宽空，3 个窄空）。在三九条码中，以“*”表示起始符和终止符，该字符不能在条码符号的其他位置作为数据的一部分，而且译码器不应将它输出。三九条码符号之间的两个相邻符号用一个空位分隔开，此空位不包含任何信息。三九条码具有误读率低等优点，广泛应用于经济管理、运输、邮政和医疗卫生等领域。

5488BD

图 1-9　三九条码

6）库德巴条码。库德巴条码（Code Bar）是一种非连续型、非定长，具有自校验功能的双向条码，如图 1-10 所示。其字符集为数字 0～9 和 6 个特殊字符（“+”“-”“$”“:”“•”“/”），共 16 个字符。库德巴条码每一个字符由 4 个条和 3 个空共 7 个单元构成，其中 2 个或 3 个是宽单元（用二进制“1”表示），其余是窄单元（用二进制“0”表示）。库德巴条码具有双向可读性，在识读库德巴条码符号时，扫描方向的判定是通过起始符和终止符实现的。库德巴条码是一种具有强自校验功能的条码，适用于配送系统的货物追踪、供应链管理过程中的显示板系统（如丰田生产模式的“看板”）、邮电系统挂号邮件、图书馆图书管理等场合。美国血库协会还将库德巴条码规定为血袋标识条码。

7）128 条码。128 条码是一种长度可变、连续型的字母数字条码，如图 1-11 所示。128 条码是较为复杂的条码系统，具有 A、B、C 三种不同的编码类型，所能支持的字符也比其他一维条码多，又有不同的编码方式可供交互运用，使用弹性较大。目前所推行的 128 条码是 GS1-128 条码。它具有较好的完整性和高可靠度，可运用于货运标签、便携式数据库、连续性数据段、流通配送标签等。

12345678

图 1-10　库德巴条码

12345678

图 1-11　128 条码

GS1-128 条码即原 UCC/EAN-128 条码，是专用于 GS1 系统中的条码。它由起始符、数据字符、校验符、终止符及左、右侧空白区组成，用以表示 GS1 系统应用标识符字符串，其基本格式如图 1-12 所示。

图 1-12　GS1-128 条码的基本格式

8）九三条码。九三条码是一种长度可变的连续型字母数字式码制，如图 1-13 所示。其字符集包括数字 0～9、26 个英文大写字母、7 个特殊字符（“—”“.”“$”“%”“/”“+”和空格）及 4 个控制字符。每个字符有 3 个条和 3 个空。

12345678

图 1-13　九三条码

(2) 二维条码

二维条码是可在两个维度方向上都表示信息的条码符号。二维条码可以用来制成包括汉字、照片、指纹、签字等在内的小型数据文件，在有限的面积上表示大量信息，精确描述物品，防止各种证件、卡片及单据的伪造。二维条码可用扫描器直接读取内容，无须另接数据库，可在远离数据库和不便联网的场合进行数据采集等。二维条码可分为层排式（堆叠式）二维条码和矩阵式二维条码。

层排式二维条码由多个被截短了条高的一维条码层叠排列而成，代表性的码制有 Code 16K、Code 49、PDF417、MicroPDF417 等。

矩阵式二维条码由规则形状的模块按照特定规则排列在一个图形矩阵中构成，代表性的码制有 Data Matrix、MaxiCode、Aztec Code、QR Code、VeriCode、Ultracode、PDF417 条码、汉信码等。

常见二维条码如图 1-14 所示。

Data Matrix　MaxiCode　Aztec Code　QR Code　VeriCode

PDF417　Ultracode　Code 49　Code 16K

图 1-14　常见二维条码

1) PDF417 条码。PDF 取自英文 Portable Data File 三个单词首字母的缩写，意为“便携数据文件”。因为组成条码的每一字符都是由 4 个条和 4 个空构成，如果将组成条码的最窄条或空称为一个模块，则上述 4 个条和 4 个空的总模块数一定为 17，所以称为 PDF417 条码或四一七条码，如图 1-15 所示。

图 1-15　PDF417 条码

PDF417 条码的特点是：信息容量大，错误纠正能力强，印制要求不高，可用多种识读设备识读，尺寸可调以适应不同的打印空间，码制公开已形成国际标准。我国也已制定了四一七条码的国家标准（GB/T 17172—1997）。

2）QR 码。QR 码全称为快速响应矩阵码。QR 码共有 40 个版本，以 QR 码版本 7 符号为例，其结构如图 1-16 所示。

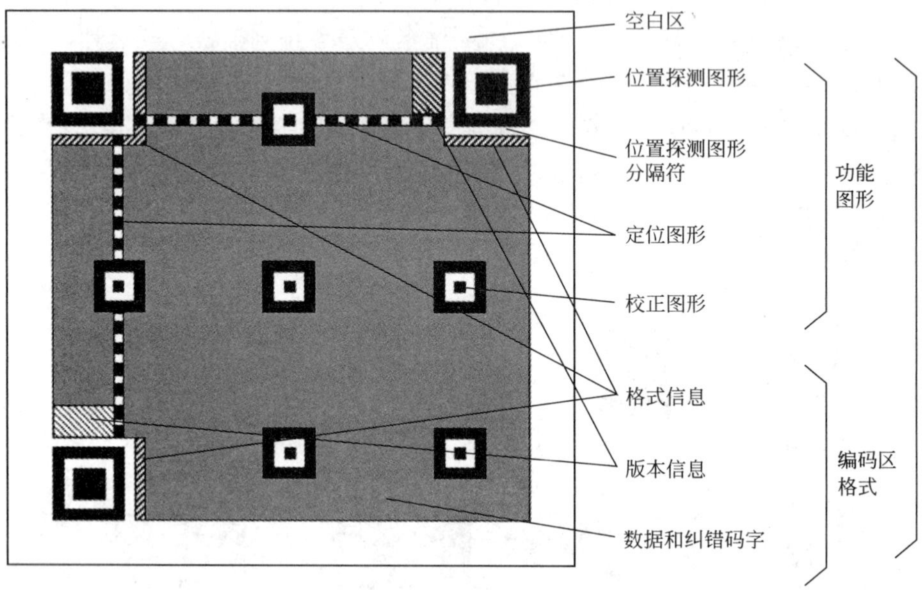

图 1-16　QR 码版本 7 符号的结构

除了具有二维条码的一般特点外，QR 码还具有以下特点：容量密度大，可超高速识读，能够广泛应用于工业自动化生产线管理等领域，可全方位（360°）识读（这是 QR 码优于层排式二维条码和四一七条码的一个重要特点）；能够有效地表示中文汉字、日文汉字，因此 QR 码表示汉字的效率比其他二维条码提高了 20%；具有 4 个等级的纠错功能，即使污损或破损也能够正确识读；抗弯曲的性能强。

3）汉信码。汉信码是我国拥有完全自主知识产权的新型二维条码。每个汉信码符号是由 $n \times n$ 个名义正方形模块构成的一个正方形阵列。汉信码符号共有 84 个版本，以版本为 24 的汉信码符号为例，其结构如图 1-17 所示。

汉信码具有汉字表示能力强、编码范围广、信息密度高、数据容量大、修正错误能力强、抗污损和抗畸变能力强、外形美观等优势，可以用来表示数字、英文字母、汉字、图像、声音、照片、指纹、签字等一切可数字化的信息。

（3）一维条码和二维条码的比较

一维条码偏重于标识商品，而二维条码偏重于描述商品。相较于一维条码，二维条

图 1-17　版本为 24 的汉信码符号结构

码不仅存储关键信息，还可存储商品的基本资料，做到资料库随着产品走，从而实现许多一维条码无法做到的应用。一维条码和二维条码的比较见表 1-1。

表 1-1　　一维条码和二维条码的比较

比较项目	一维条码	二维条码
信息密度与容量	密度低，容量小	密度高，容量大。每个二维条码可容纳多达 1 850 个大写字母，或 2 710 个数字，或 1 108 个字节，或 5 000 多个汉字，比一维条码信息容量高约几十倍
错误侦测及错误纠正能力	可以进行错误侦测，但没有错误纠正能力，污损后可识读性差	有错误侦测及错误纠正能力，并可根据实际应用设置不同的安全等级。二维条码因穿孔、污损等引起局部损坏时，仍然可以正确识读。安全级别最高时，即使损毁面积达 50% 仍可恢复信息，误码率不超过千万分之一，比一维条码的误码率低得多
垂直方向的信息	垂直方向不存储信息，垂直方向的高度是为了识读方便，并弥补印刷缺陷或局部损坏	垂直方向存储信息，对印刷缺陷或局部损坏等可以通过错误纠正机制恢复信息
保密性	保密性不强	数据可加密，引入加密措施后保密性、防伪性好
印刷方式	一般仅在白纸上印刷黑字，对印刷机器和印刷对象有一定要求	不仅可以在白纸上印刷黑字，还可以彩色印刷，而且印刷机器和印刷对象都不受限制，印刷方便
影印及传真	经传真和影印后可能无法识读	经传真和影印后仍然可以识读
主要用途	主要用于对物品的标识	主要用于对物品的描述
对数据库与网络的依赖性	多数场合须依赖数据库及通信网络	可不依赖数据库及通信网络而单独应用

续表

比较项目	一维条码	二维条码
识读设备	可用线性扫描器识读，如光笔、线性 CCD 扫描器、激光扫描器	层排式二维条码可用线性扫描器多次扫描，或用图像扫描仪识读；矩阵式二维条码仅能用图像扫描仪识读

二、物流领域常用条码

在物流领域，不同的商品、包装、运输方式和不同的应用场景所使用的条码有所不同。例如，单独的零售商品和组合商品的外包装，由于商品信息量不同、条码印刷条件不同、条码扫描识读方法不同，就要使用不同的条码。

1. 零售商品条码

零售商品包括独立包装的单个零售商品、标准组合包装的零售商品、混合组合包装的零售商品，以及变量零售商品等。零售商品的代码主要有 13 位和 8 位两种，对应使用 EAN-13 条码和 EAN-8 条码；此外还有使用 12 位代码的，对应使用 UPC-A 条码。

2. 储运包装商品条码

储运包装商品是指由一个或若干个零售商品组成的用于订货、批发、配送及仓储等活动的各种包装的商品。储运包装商品条码是在商品外包装上使用的条码，因此也称箱码，通常用于仓储、运输、装卸搬运等物流作业过程中。

储运包装商品条码通常使用 EAN-13 条码、ITF-14 条码和 GS1-128 条码三种形式的条码。其中，EAN-13 条码主要用于商品零售和仓储环节，ITF-14 条码只用于在仓储环节标识非零售商品，GS1-128 条码信息容量大，可表示商品尺寸、生产日期、有效期、供货地、运输包装序号等丰富的信息，主要用于供应链精细化管理。

如果储运包装商品采用 13 位代码，还要看该商品是否同时还是零售商品。如果同时也是零售商品，如电视机、空调等大件商品，其条码就使用内装商品的 EAN-13 条码；如果不是零售商品，其条码就使用 ITF-14 条码或 GS1-128 条码（原 13 位代码加 1 位变为 14 位）。

如果储运包装商品采用 14 位代码，可使用 ITF-14 条码或 GS1-128 条码。

对于储运包装商品包含的属性信息，如所含商品的数量、质量、长度等，可使用 GS1-128 条码进行表示。

3. 物流单元条码

物流单元是指供应链管理中运输或仓储的一个包装单元。物流单元使用的代码包括物流单元标识代码（采用系列货运包装箱代码即 SSCC 表示）和附加信息代码，这些代码主要使用 GS1-128 条码进行表示。

物流单元标签中包含了物流单元的信息，一个完整的物流单元标签包括承运商区段、客户区段和供应商区段，每个区段均采用条码和文本两种基本形式表示一类信息的组合。为便于人、机分别处理，每个标签区段中的条码与文本信息是分开的。标签文本内容位于标签区段的上方，条码位于标签区段的下方。其中，条码的条与空应垂直于物流单元的底面，表示 SSCC 的条码应位于标签的最下端。当获得相关信息时，每个标签区段可在供应链上的不同结点使用，如图 1-18 所示。

图 1-18　物流单元标签中的条码

4. 条码的使用位置

在使用条码时应注意，在一个商品上不应出现两个或两个以上表示不同商品代码的条码。一般情况下，条码与商品包装邻近边缘的间距应不小于 8 mm 或不大于 102 mm，以保证条码空白区的宽度有足够的尺寸。

条码的放置位置应相对统一，以便于扫描和识读。一般首选位置是商品包装背面的右侧下半区域，如果商品背面不适宜放置条码或者没有放置位置时，也可选择商品包装另一个合适面的右侧下半区域放置条码。

在商品外包装上放置条码的时候，要避免把条码放置在会使条码变形和受损的位置，以及有穿孔、冲切口、拉丝拉条、接缝、折叠、折边、波纹、隆起、褶皱、其他图文和纹理粗糙的位置，也不能把条码放置在转角处或表面曲率过大的地方，以免无法扫描和识读。对于真空包装，可以将条码放置在包装上非抽真空的区域。

通常在一个商品上只放置一个表示商品代码的条码，但是对于沉重的或体积大的零售商品、不规则包装的零售商品，以及储运包装商品和物流单元，推荐放置两个或更多数目的表示同一代码的条码。通常这些条码放在商品或包装的不同面上，这样可以保证其转动时，人们总能看到其中的一个条码。

一般情况下，商品包装上的条码宜横向放置。横向放置时，条码上的供人识别字符是从左至右阅读。如果横向印刷不能保证条码印刷质量或者商品包装表面曲率及印刷面积不允许，也可以把条码纵向放置在外包装上。

三、条码有关设备

1. 条码印制设备和打印耗材

（1）条码印制设备

1）非现场印制设备。非现场印制设备也称预印刷设备，这种设备采用传统印刷设备大批量印刷制作，适用于数量大、格式固定、内容相同的条码印制。预印刷设备包括胶片制版印刷、轻印刷系统、条码号码机和高速激光喷码机等。

2）现场印制设备。现场印制设备主要是指现场专用条码打印机（俗称打码机），如图 1-19 所示。这种设备由计算机控制打印机实时打印条码，操作灵活，实时性强，适用于多品种、小批量、需要现场实时印制的场合。

（2）条码打印耗材

1）碳带。碳带是条码打印的重要材料，如图 1-20 所示。一般来说，碳带的好坏决定了打印头的寿命和打印的效果。铜版纸表面相对粗糙，应配合蜡基或混合基的碳带使用；PET 标签纸表面比较光滑，应配合树脂基的碳带使用；如果希望打印出来的条码具有较好的耐久性，则应选择树脂基碳带。

图 1-19　现场专用条码打印机

图 1-20　碳带

2）标签。标签按材质可分为纸质标签、PET 标签、PVC 标签、硝银龙标签、合成标签、热敏标签等，如图 1-21 所示。

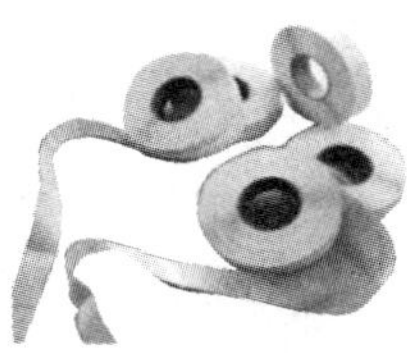

纸质标签

PET标签

PVC标签

图 1-21　标签

2. 常见条码识读设备

条码识读设备是用来读取条码信息的设备。它使用一个光学装置将条码的条空信息转换成电平信号，再由专用译码器翻译成相应的数据信息。

（1）光笔

光笔是一种笔形接触式固定光束条码扫描器，是最为经济的一种条码识读设备，如图 1-22 所示。

（2）CCD 扫描器

CCD（电荷耦合器件）扫描器较适合近距离和非接触识读。依据形状和操作方式不同，有手持式和固定式两种类型，如图 1-23 所示。这两种扫描器的扫描机理和主要元器件完全相同。

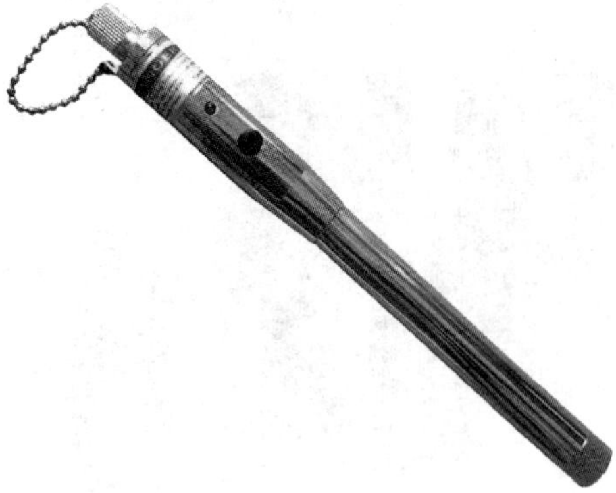

图 1-22　光笔

图 1-23　CCD 扫描器

（3）激光扫描器

激光扫描器是各种扫描器中价格相对较高的，但它的各项性能也最好，因此在各个行业被广泛采用。依据形状和操作方式的不同，激光扫描器也分为手持式与固定式两种类型。手持式激光扫描器如图 1-24 所示。

（4）便携式数据采集器

便携式数据采集器是为了适应现场数据采集，如扫描笨重物体的条码符号而设计的，适合于脱机使用的场合，也称为便携式识读器，如图 1-25 所示。它可以被带到物体的条码符号前扫描，因此又称为手持终端机或盘点机。

图 1-24　手持式激光扫描器

图 1-25　便携式数据采集器

四、条码识别技术在供应链中的应用

条码识别技术提供了一种表示和描述供应链中物品的方法，借助条码识别技术及 POS 系统（销售时点信息系统）、EDI（电子数据交换）等现代技术手段，企业可以随时了解有关产品在供应链上的位置。同时，处于供应链上的每个企业可以通过 ERP 软件相连，规定各个企业货物的最低和最高库存，当上游企业通过 ERP 发现下游企业的库存达到最低水平时，可马上组织供货。条码识别技术是实现 POS 系统、EDI、电子商务、供应链管理的技术基础，是实现物流管理现代化，提高企业管理水平和竞争能力的重要技术手段。

1. 进货管理

企业在进货时可用数据采集器核对物料品种和数量。首先将所有当次进货的单据和物料信息下载到数据采集器。数据采集器将提示材料管理员输入购货单的号码，由采集器的应用系统判断这个条码是否正确。如果不正确，系统会立刻向材料管理员做出警示；如果正确，材料管理员再扫描所购材料单上的项目号，系统随后检查购货单上的项目是否与实际相符。接着，材料管理员扫描物料规格信息和标识号的条码。

2. 生产管理

在条码没有应用的时期，在生产每个产品前，都必须手工记载生成这个产品所需的工序和物料，领料员按记载分配好物料后，才能开始生产。每条生产线的每个产品都有记录表单，每一个工序完成后，工人再填上元件号和自己的工号。手工记载过程工作量大，很复杂，而且不能及时反映产品在生产线上的流动情况。采用条码识别技术后，订单号、物料种类、产品数量编号等都可以条码化，在生产线上及时打印并粘贴标签。产品下线时，由生产线质检人员检验合格后扫入产品条码、生产线条码，并按工序顺序扫入代表工人的条码，对于不合格的产品进行送修，整个过程不需要手工记录。

3. 库存货物管理

使用条码识别技术可以省略手工书写票据和送到机房输入的步骤，大大提高了工作效率。同时，解决了库房信息陈旧滞后的问题，提高了交货日期的准确性。另外，还解决了票据信息不准确的问题，提高了客户服务质量，减少了事务处理中的人工操作，避免了无效劳动。

若货物在存储期间标签破损，则可以参照同类货物或根据其所在位置，在计算机上制作标签，进行补贴。在货物移位时，可用识读器识读，自动收集数据，把采集数据自动传输至计算机货物管理系统中进行数据管理，按照规定的标准，通过条码识读器定期盘点仓库分类货物或零散货物。在货物发放过程中，如果出现某些货物零散领取的情况，可采用两种方式处理：一是重新打包，系统生成新的二维条码标签，将货物作为一个整包（箱）处理；二是系统设置零散货物数据库专门存储零散货物信息，记录货物的品名、数量、位置等信息，统一管理。

4. 出库管理

货物出库时，可用条码识读设备识读出库货物包装上的条码标签，并将货物信息传递给计算机，计算机根据货物的编号、品名、规格、数量等自动生成出库明细单。工作人员核对出库货物，确认无误后，再进行出库登账处理，更新货物库存信息。

5. 产品信息跟踪

使用条码识别技术可对整个供应链中的产品信息进行跟踪。例如：通过跟踪系列、批号和库存，掌握准确的可供应量信息；通过跟踪货物的出库、入库情况，掌握分发单位、生产单位的相关信息等。若企业收到对某件产品的投诉，则可根据条码确认该产品的生产人员、质检人员、保管人员等信息，以便追究责任，并可据此考核、激励员工。

【知识链接】

彩色三维码

彩色三维码全称是彩色图像三维矩阵，又称色码、三维码、三维彩色码、彩链。简单来说它是索引信息的一把钥匙，只需用手机上的彩色码识读器扫描彩色码就能读取码内的信息，无论是文字、图片还是视频，都能在手机上浏览。

彩色三维码是在传统黑白二维条码基础上发展而来的一种全新图像信息矩阵产品。作为解决二维条码技术和应用瓶颈而发展起来的新型矩阵技术，彩色三维码具有较高的信息容量和容错能力，整体形态可以表现得十分丰富，可通过平面创意设计，将企业形象、品牌、服务及企业形象设计标志融合其中，形成具有视觉意义的新标志。

彩色三维码应用范围极其广泛，可应用在商品电子标识、商品溯源防伪、企业商务管理、用户消费导航、品牌传播推广、综合信息服务、公共信息服务、社区互动服务、票务验证、会务展览、会员管理、医疗服务管理、会议课件扩展、教育课件扩展等领域。

【技能训练 1】

条码生成、打印和识读

1. 训练目标

了解常见的条码类型，掌握一维条码和二维条码的特点。掌握条码生成、打印和识读操作的方法，以及识读设备的操作方法。

2. 训练准备

教师准备实训任务书、实训设备，以及条码生成、打印和检测软件，对学生进行分组，以 5～7 人为一组，设组长 1 名。

3. 训练任务

制作条码并使用条码识读设备对生成的各种条码进行识读。

每组制作商品条码（EAN-13 条码）、储运单元条码（ITF-14 条码）、物流单元条码（GS1-128 条码）、PDF417 条码和 QR 码各一张，具体要求如下：

EAN-13 条码：内容为 690123456789。

ITF-14 条码：内容为 16922065711336。

GS1-128 条码：内容为（01）16903128100250（13）150520（15）160519，表示该项目代码为 16903128100250，该产品包装日期为 2015 年 5 月 20 日，保质期到 2016 年 5 月 19 日。

PDF417 条码：内容为学生的班级、姓名和学号。

QR 码：内容为学生的班级、姓名和学号。

操作完毕后，撰写实训报告，制作 PPT 并汇报。实训报告要有训练目标、时间、地点、内容、总结及教师评语等内容。

4. 操作步骤

（1）创建新标签

打开 ZebraDesigner 软件，选中“创建新标签”，点击“完成”。

（2）设置标签页面布局和尺寸

在“选择打印机”窗体里选中“ZDesigner 888-DT”，点击“下一步”，如图 1-26 所示。

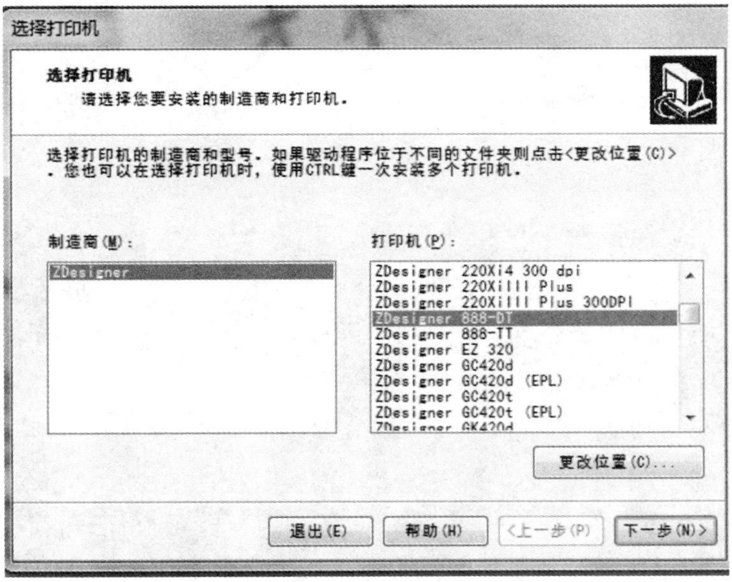

图 1-26 选择打印机

选择标签库，即预定义标签格式，这样可以加速标签设计。选择完成后，点击“下一步”，如图 1-27 所示。

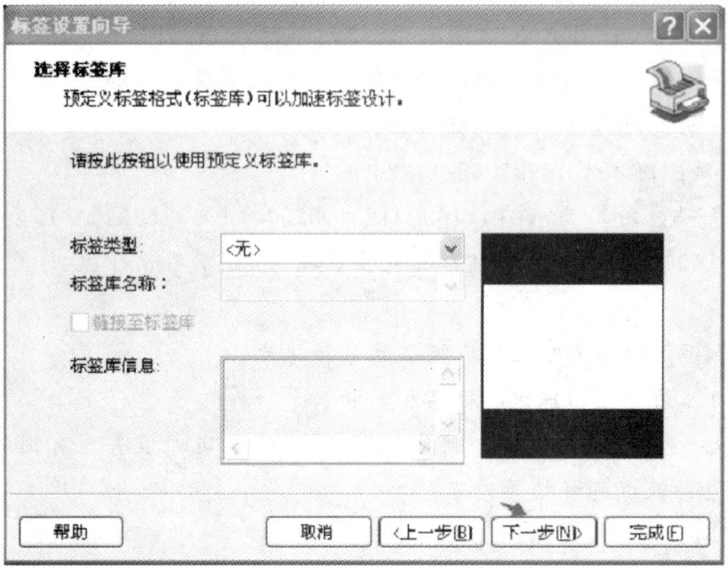

图 1-27　选择标签库

在“页面大小”中选择所需的页面尺寸，可以选择“自动调整大小”或在“页面大小”中设计条码的宽度、高度。点击“下一步”，如图 1-28 所示。

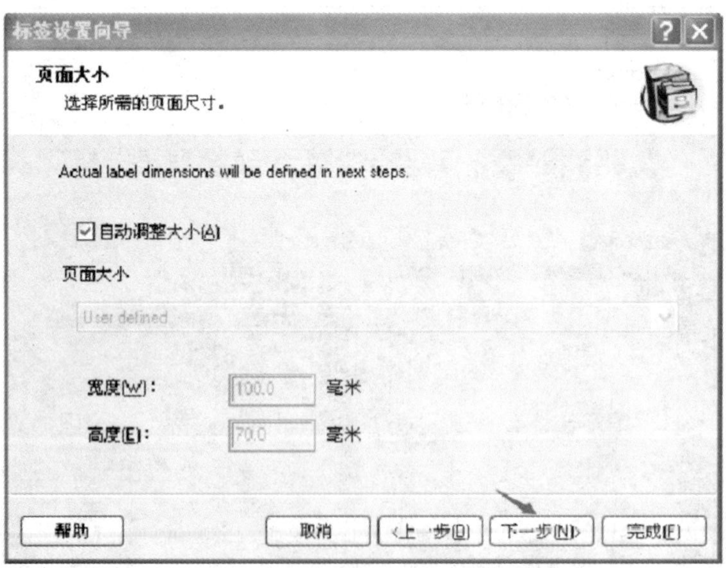

图 1-28　设置页面大小

在"标签布局"中选择一个符合要求的页面布局。根据设计条码标签的类型，选择条码打印方向"纵向"或"横向"，如图 1-29 所示。

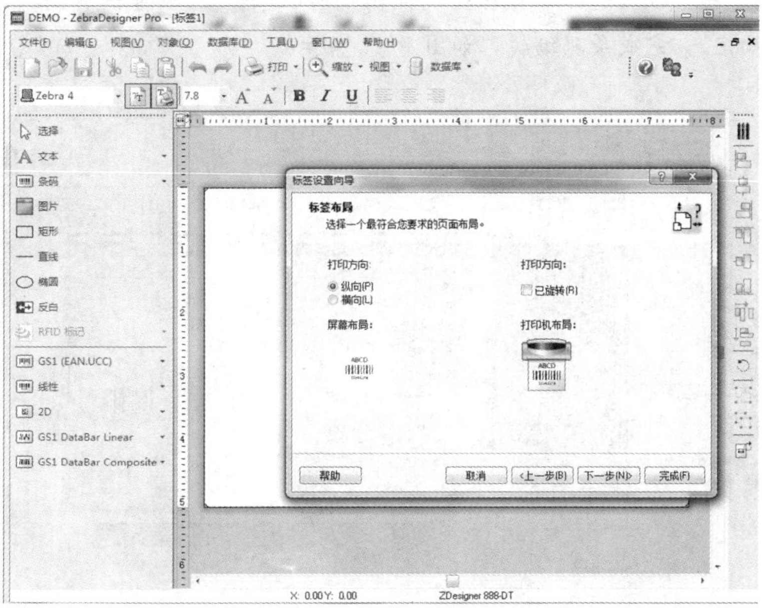

图 1-29　设置标签布局

在"标签尺寸"中设置标签版面尺寸，选择合适的计量单位。根据标签的大小设置"标签宽度""标签高度"等变量，如图 1-30 所示。

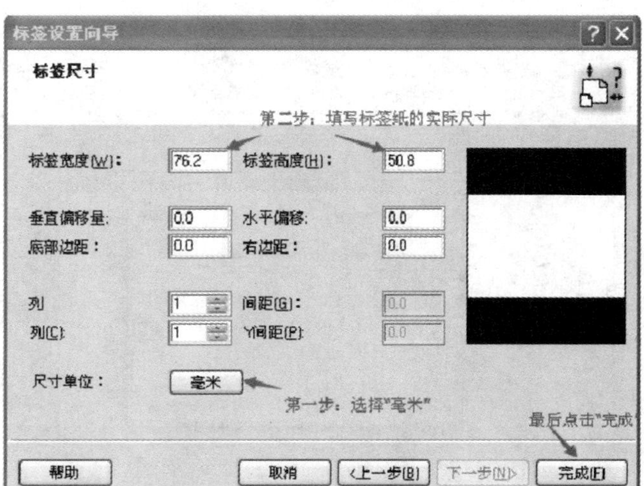

图 1-30　设置标签尺寸

(3) 编辑条码

以 EAN-13 条码为例，在“编辑条码”中，将符号高度设置为“2.0”，窄条宽度设置为“4”，条码“检验位”选择“自动生成条码校验位”，“人眼可识别码”选择“条码下方”，点击“确定”，完成条码编辑，如图 1-31 所示。

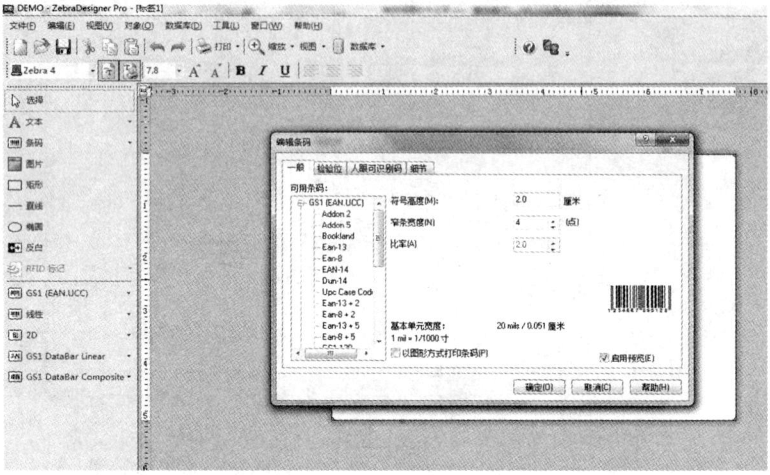

图 1-31　编辑条码

(4) 生成条码并打印

在“条码向导”的“条码对象”中，点击“固定条码数据”，输入自定义条码符号（如“6901234567892”），点击“完成”，如图 1-32 所示。生成的条码如图 1-33 所示。然后，依次点击“文件”“打印”，如图 1-34 所示。

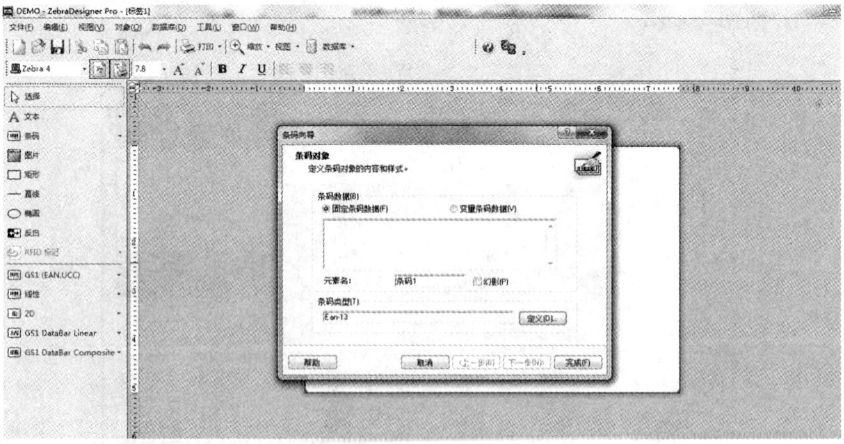

图 1-32　输入条码内容

图 1-33　生成条码

图 1-34　打印条码

(5) 识读条码

使用条码识读设备对上述生成的条码进行识读。

5. 训练评价

完成训练后，填写技能训练评价表（见表 1-2）。

表 1-2　技能训练评价表

专业		班级		姓名	
实训时间		实训地点			
实训项目	条码生成、打印和识读				
序号	评价内容	分值	小组评分（50%）	教师评分（50%）	单项总分
1	准确表述常见的条码类型，以及一维条码和二维条码的特点	20			
2	正确操作条码生成、打印软件，按要求完成条码生成与打印任务	40			
3	正确操作条码识读设备，准确识读条码	10			
4	遵守纪律，爱护设备，礼仪符合要求，团队合作好	5			
5	实训记录内容全面、真实、准确，实训报告撰写规范	15			
6	PPT 制作规范，汇报语言清楚，概念表达正确	10			
合计		100			

指导教师评语：

第三节　射频识别技术与产品电子代码技术

引导案例

浙江内河船舶拥有 RFID 身份证

浙江省在 2016 年开始推行内河船舶 RFID 电子船名牌工作。RFID 电子船名牌是将 RFID 融入船名牌中，并将电子标签 ID 码、船舶识别码、船名、船舶类型、总吨等主要参数直接固化在 RFID 卡中，通过手持终端等设备即可读取在航船舶信息，并可自动将数据采集到浙江省港航智能感知平台中，与后台系统进行比对，核查船舶状况，真正实现了将船名牌与船舶身份绑定，高标准规范一船一牌。这套系统同时具备船舶身份识别、实时定位、远程核查、船舶预警、轨迹回放、水上 ETC、船舶流量统计、RFID 异常报警、物流信息服务等多种功能，就如同“第二代身份证”，对浙江省内河水上运输管理和服务水平提升发挥了重要作用。

一、射频识别技术

1. 射频识别系统的构成

射频识别系统是由射频标签、读写器、计算机网络、应用程序和数据库组成的自动识别与数据采集系统。在具体的应用过程中，根据不同的应用目的和应用环境，射频识别系统的组成会有所不同，一个典型的射频识别系统一般由标签、天线、读写器和应用系统几部分组成。

（1）射频标签

射频标签是安装在被识别对象上，存储被识别对象相关信息的电子装置，又称为电子标签、应答器、代码牌照。每个射频标签具有唯一的电子编码，附在物体上标识目标对象。

射频标签如图 1-35 所示，分为主动标签和被动标签两种。主动标签也称为有源标签，自身带有电池供电，读写距离较远，体积较大，与被动标签相比成本更高。这种标签的不足之处是电池不能长久使用。

图 1-35　射频标签

被动标签也称为无源标签，一般可做到免维护，它成本很低并具有很长的使用寿命，比主动标签更小也更轻，读写距离较近。相比主动标签，被动标签在识读距离及适应物体运动速度方面略有限制。

（2）读写器

读写器是射频识别系统中一种固定式或便携式自动识别与数据采集设备。它的主要任务是控制射频模块向射频标签发射读取信号，并接收射频标签的应答，对射频标签的对象标识信息进行解码，将对象标识信息连同标签上其他相关信息传输到主机以供处理。

（3）天线

天线是射频标签和读写器之间实现射频信号空间传播和建立无线通信连接的设备。射频系统中包括两类天线，一类是射频标签上的天线，另一类是读写器天线。天线既可以内置于读写器中，也可以通过同轴电缆与读写器的射频输出端口相连。目前的天线多采用收发分离技术实现发射和接收功能的集成。

（4）主机系统

主机系统是针对不同行业的特定需求而开发的应用软件系统，它可以有效地控制读写器对标签信息的读写，并且集中统计与处理收到的信息。

主机系统可以集成到现有的电子商务和电子政务平台，通过与 ERP、CRM（客户关系管理）和 SCM（供应链管理）等系统集成，提高工作效率。

2. 射频识别技术的特点

与传统条码识别技术相比，射频识别技术有以下优势：

（1）扫描快速

射频读写器可同时快速辨识读取数个射频标签。

（2）体积小，形状多样

射频识别技术在读取上并不受射频标签尺寸大小与形状的限制，不必为了读取精确度而对标签尺寸和印刷品质做出特定要求。此外，射频标签更可往小型化与多样化形态发展，以应用于不同产品。

（3）抗污染能力和耐久性好

传统条码的载体是纸张，因此容易受到污染；而且，由于条码附于塑料袋或外包装纸箱上，所以特别容易折损。而射频识别技术对水、油和化学药品等物质具有很强的抵抗性，射频标签是将数据存在芯片中，因此可以免受污损。

（4）可重复使用

条码印刷之后一般就无法更改，而射频标签可以重复地新增、修改、删除所储存的数据，信息更新方便。

（5）具有穿透性，可无屏障读写

在被覆盖的情况下，射频识别设备能够穿透纸张、木材和塑料等非金属或非透明的材料进行读写，而条码识读设备必须在近距离而且没有物体阻挡的情况下才可以辨读信息。

（6）数据记忆容量大

射频识别技术最大的容量达数兆字节。随着存储载体的发展，其数据容量还有不断扩大的趋势。未来物品所需携带的信息量会越来越大，射频标签更易适应这一趋势。

（7）安全性高

由于射频识别技术承载的是电子式信息，其数据内容可由密码保护，使其内容不易被泄露和伪造。

3. 射频识别系统的分类

（1）按照工作频率不同划分

根据工作频率不同，射频识别系统可以分为低频系统、高频系统和超高频系统等。不同频率的射频识别系统，其速度、作用距离和穿透能力各不相同，因此主要应用领域也有所区别。例如，低频系统主要应用于门禁、防盗、畜牧等，高频系统主要应用于智能卡、电子票务、图书管理、商品防伪等，超高频系统主要应用于仓储管理、物流跟踪等。

（2）按照功能不同划分

根据功能不同，射频识别系统可以分为 EAS 系统、便携式数据采集系统、物流控制系统和定位系统等类型。

1）EAS 系统。EAS 系统又称电子商品防窃（盗）系统，是一种设置在需要控制物品出入的场所的射频识别系统，是目前零售行业广泛采用的商品安全措施之一。这种系统的典型应用场合是商店、图书馆、数据中心等，当未被授权的人从这些地方非法取走物品时，EAS 系统会发出警告。

2）便携式数据采集系统。便携式数据采集系统使用带有射频读写器的手持式数据采集器采集射频标签上的数据。这种系统具有比较大的灵活性，适用于不宜安装固定式射频识别系统的应用环境。手持式读写器（数据输入终端）可以在读取数据的同时，以无线电波传输方式实时向主计算机系统传输数据，也可以暂时将数据存储在读写器中，再逐批向主计算机系统传输数据。

3）物流控制系统。这种系统是将固定布置的射频读写器分散布置在指定的区域，并直接与数据管理信息系统相连。信号发射机是移动的，一般安装在移动的物体上面。当物体经过读写器时，读写器会自动扫描射频标签上的信息，并把信息输入数据管理信息系统进行存储、分析、处理，达到控制物流活动的目的。

4）定位系统。定位系统用于自动化加工系统中的定位及车辆、轮船等的运行定位。读写器放置在移动的车辆、轮船上或者自动化流水线中移动的物料、半成品、成品上，信号发生器嵌入操作环境的地表下面。信号发生器上存储有位置识别信息，读写器通过无线的方式或者有线的方式连接到主信息管理系统。其典型应用如铁路车号自动识别、不停车收费等。

4. 射频识别技术在物流中的应用

射频识别技术价格低廉、性能稳定、使用寿命较长，因此应用范围很广，从原材料的采购，半成品与产成品的生产、运输、仓储、配送，产品的销售，直到退货处理和售后服务，射频识别技术均可以在物流的各个环节实现实时监控，提高物流自动化程度，降低物流作业中的差错率。

（1）在生产环节中的应用

只要将相关信息准确录入到相应的射频标签中，就可以利用射频识别技术实现在整个生产线上对原材料、零部件、半成品和产成品的识别与跟踪，实现生产线的自动化运作，并帮助管理人员加强对产品质量的控制。

特别是在采用JIT准时制生产方式的流水线上，非接触式的读写器可以自动识别射频标签，快速从品种繁多的库存中准确搜索出生产所需的原材料与零部件，并配合叉车、自动搬运小车等设备将其准确送达工位。

（2）在运输环节中的应用

射频识别技术可以实现运输车辆的自动收费、在途货物的实时监控、运输工具的识别调度等。例如，只要将记录有集装箱号码、内装货物品名和数量等信息的射频标签安装在集装箱上，或者将相应射频标签安装在货物的外包装上，再在运输检查站安设读写器，就可以确定集装箱或一批货物在途中的确切位置，实现集装箱和货物的跟踪管理。

通过在汽车、火车上安装射频标签，在公路、铁路沿线安设读写器，可以实现运输工具的自动识别和不停车收费，提高行车效率。同时，可以获得车辆身份的资料和车辆的实时信息，监控运输工具的安全性，防止撞车事故，并帮助进行车辆调度。

（3）在仓储环节中的应用

货物入库时，射频读写器能识别安装在托盘、外包装上的射频标签，将货物信息自动输入系统，生成入库单，并可直接指引叉车上的射频终端，找出最佳途径抵达指定货位，系统确认商品就位后，立刻更新库存信息。出库时，射频系统可按出库订单确定提货区和最优拣货路径，通过射频终端提醒工作人员拣货，通过扫描货物和货位的射频标签，确认出库物品，同时更新库存。货物到达出库口时，读写器将自动读取货物的射频标签，并与订单信息进行核对。射频识别技术在仓储环节中的应用如图1-36所示。

射频识别技术也可用于库存管理，可利用射频读写器对各类货物进行定期盘点，分析库存变化情况。移库时，读写器可自动采集货物的信息，自动录入库存管理系统，核对品名、数量、位置等情况。

（4）在销售环节中的应用

射频识别技术可应用在电子标签货架上，也可通过在收款台安设读写器，自动扫描商品信息，进行货款的自动结算和自助收款。通过安装在商品包装内的射频标签，可以

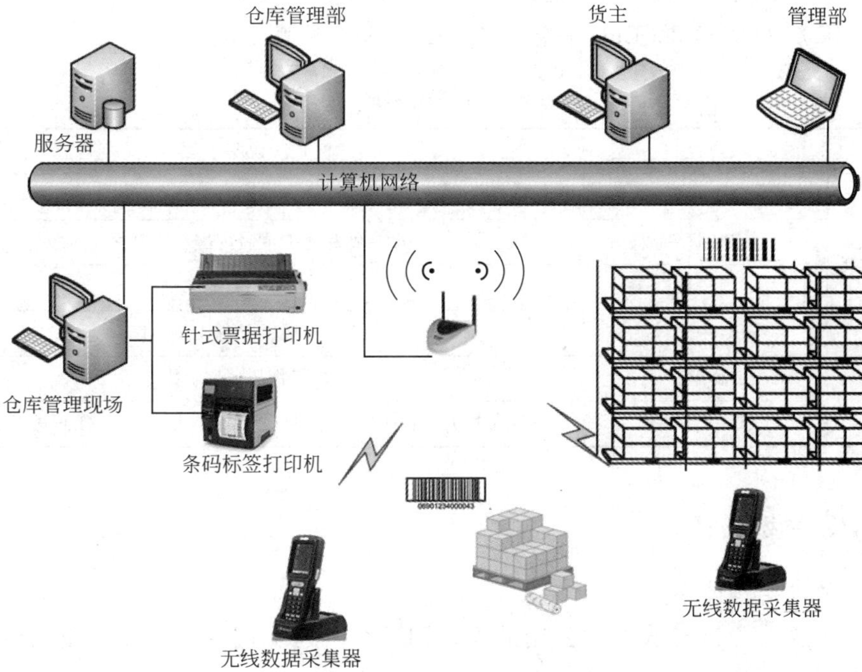

图 1-36　射频识别技术在仓储环节中的应用

借助读写器等配套设备实时监控销售过程中各类货物的安全情况，进行有效防盗。

在销售部门的库存管理方面，可利用射频识别技术对某些时效性强的货物进行监控，及时更新库存，并实现适时补货。

二、产品电子代码技术

1. 产品电子代码的概念

产品电子代码（EPC）是一种开放性、全球性的编码标准体系，是由标头、厂商识别代码、对象分类代码、序列号等数据字段组成的一组数字，是每个产品的唯一性代码。产品电子代码技术可在互联网的基础上，利用射频识别、无线数据通信等技术，构造覆盖世界上万事万物的实物互联网（物联网），以提高现代物流水平和供应链管理水平，降低物流成本。这种技术可以实现对所有实体对象（包括零售商品、物流单元、集装箱、货运包装等）的唯一有效标识，被誉为具有革命性意义的现代物流信息管理技术。

2. EPC 系统的构成

EPC 系统是一个先进的、复杂的、综合性的系统，它由编码体系、射频识别系统及信息网络系统三个部分组成，主要包括 EPC 代码、EPC 标签、读写器、EPC 中间件、对象名称解析服务（ONS）和 EPC 信息服务（EPCIS），见表 1-3。

表 1-3　　EPC 系统的构成

组成部分	内容	说明
编码体系	EPC 代码	识别目标的特定代码
射频识别系统	EPC 标签	贴在物品之上或者内嵌在物品之中
	读写器	读写 EPC 标签
信息网络系统	EPC 中间件	EPC 系统的软件支持系统
	对象名称解析服务	进行物品名称解析
	EPC 信息服务	提供物品相关信息接口，采用可扩展标记语言（XML）进行信息描述

3. EPC 系统的特点

（1）开放的结构体系

EPC 系统采用全球最大的、公用的互联网系统。这就避免了系统的复杂性，同时也大大降低了系统的成本，有利于系统的增值。

（2）独立的平台与高度的互动性

EPC 系统识别的对象是十分广泛的实体对象。不可能有哪一种技术适用于所有的识别对象。同时，不同国家和地区的射频识别技术标准也不相同。因此，EPC 系统开放的结构体系必须具有独立的平台和高度的互动性。EPC 系统网络建立在互联网上，并且可以与互联网所有可能的组成部分协同工作。

（3）灵活、开放、可持续发展的体系

EPC 系统是一个灵活、开放、可持续发展的体系，在不替换原有体系的情况下就可以实现系统升级。

EPC 系统是一个全球的大系统，供应链的各个环节、各个节点、各个方面都可因之受益，但对低价值的识别对象（如食品、日用消费品等）来说，它们对 EPC 系统带来的附加费用十分敏感。EPC 系统也将通过自身技术的进步，进一步降低成本，提高效益，通过系统的整体改进使供应链管理得到更好的应用，以便降低或抵消附加费用。

4. EPC 技术在物流中的应用

EPC 技术能够实现在物流各个环节上的货物跟踪，实时而准确地掌握商品在物流各个环节的情况。

（1）生产环节

利用 EPC 技术可在整个生产线上实现对原材料、零部件、半成品、产成品的识别和跟踪，减少人工识别成本，降低出错率，完成自动化生产线运作，提高效率和效益。制造商通过 EPC 网络可以主动跟踪产品的信息，对（缺陷）产品进行有效召回，提高产品质量和服务水平。

（2）运输环节

给货物、车辆贴上 EPC 标签，给各检查点装上读写器，企业就能实时了解货物当前所处的位置和状态。在运输的过程中，EPC 系统能及时跟踪货物，直到货物被送到目的地，并根据实时收集的货物信息进行运输工具的有效调度。

（3）仓储环节

贴上 EPC 标签的货物进入仓库时，出入口处的读写器能自动识读标签和完成盘点工作，同时将货物信息输入数据库，可实现仓库内商品的自由放置，提高仓库的空间利用率，保证出入库的准确性，降低配送错误带来的损耗。

（4）销售环节

把贴有 EPC 标签的货物放在装有读写器的货架上，当货物被顾客取走时，货架能自动识别并向系统报告该货物的移动情况。基于 EPC 技术的智能秤可自动识别商品的类型、数量、质（重）量，打出相应的单价和总体价格。自动结账的付款台可通过 EPC 系统识读客户购买的所有商品信息，然后进行结账。

【技能训练 2】

射频读写器的操作

1. 训练目标

认识读写器的各个部件和系统操作界面的各个部分，完成读写器的安装、启动，并扫描物品获取信息。

2. 训练准备

教师准备实训任务书、读写器、计算机、带有标签的物品，对学生进行分组，每 5 人为一组，其中安装员 2 名、信息测试员 2 名、组长 1 名。

3. 训练任务

安装读写器，并完成相应的调试工作，然后扫描物品。操作完毕后，撰写实训报告，制作 PPT 并汇报。实训报告要有训练目标、时间、地点、内容、总结及教师评语等内容。

4. 操作步骤

（1）将读写器连接到计算机

先将读写器电源线与通信座相连，再用串口数据线将计算机与通信座相连，然后将读写器插入通信座中。此时，终端状态灯呈现红色，当电充满后，它会变成绿色，如图 1-37 所示。

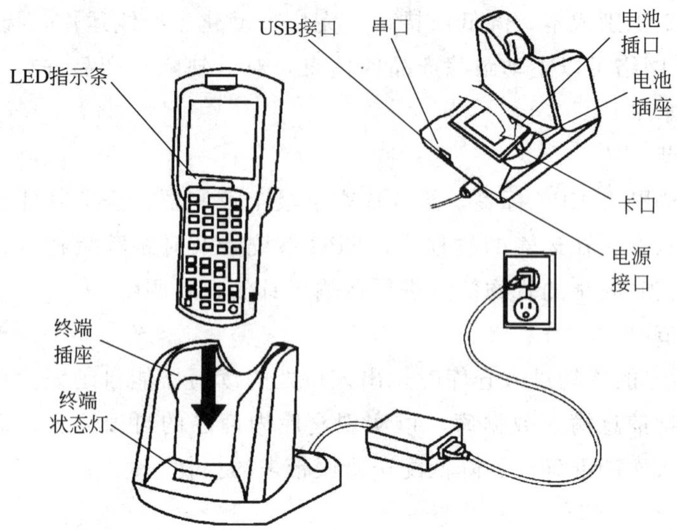

图 1-37 读写器及通信座

(2) 识别读写器部件

观察读写器，识别接收器、屏幕、LED 指示条、扫描按钮、键盘、电源按钮等主要部件，如图 1-38 所示。

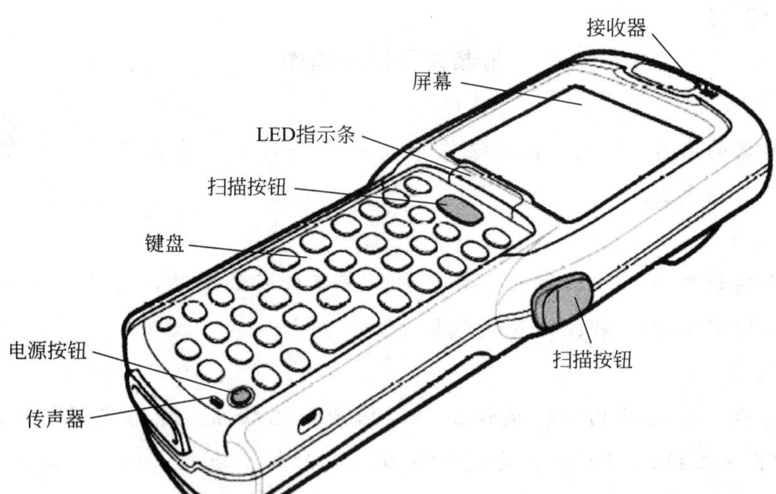

图 1-38 读写器主要部件

(3) 启动和调试读写器

按下电源按钮，启动读写器。读写器启动后会进行初始化，启动画面显示后会出现校准屏。将操作笔从读写器后的笔筒取出，在屏幕上出现的每个十字的中心位置小心按下并短暂持住笔尖，当十字光标移到其他位置时，松开操作笔，完成屏幕校准，显示桌面操作系统。

(4) 扫描物品信息

启动扫描程序，当读写器与物品标签的距离在一定范围内时，按下扫描按钮。LED指示条发亮并发出提示声，则表示成功识读，物品信息扫描完毕，如图 1-39 所示。

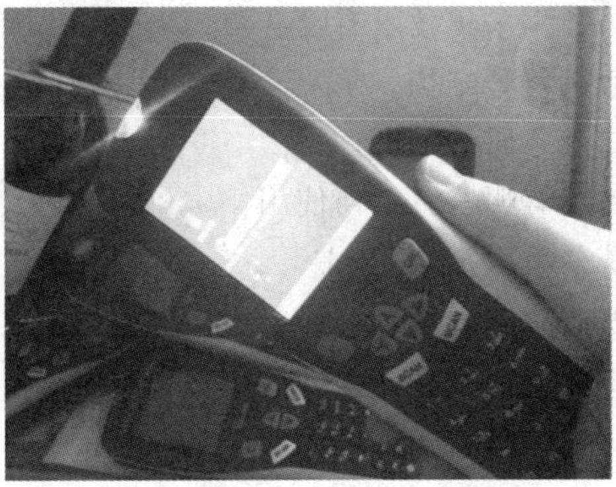

图 1-39　扫描物品信息

5. 训练评价

完成训练后，填写技能训练评价表（见表 1-4）。

表 1-4　技能训练评价表

专业		班级		姓名	
实训时间		实训地点			
实训项目	射频读写器的操作				
序号	评价内容	分值	小组评分（50%）	教师评分（50%）	单项总分
1	准确表述 RFID 的特点和构成	10			
2	正确辨识读写器主要部件	10			
3	正确安装、调试读写器，并扫描物品信息	40			
4	遵守纪律，礼仪符合要求，团队合作好	5			
5	实训记录内容全面、真实、准确，实训报告撰写规范	20			
6	PPT 制作规范，汇报语言清楚，概念表达正确	15			
合计		100			

指导教师评语：

思考练习题

1. 常见的自动识别与数据采集技术有哪些？
2. 简述 EAN-13 条码的符号结构。
3. 简述一维条码与二维条码的区别。
4. 物流领域常用的条码有哪些？如何使用？
5. 简述射频识别系统的组成。
6. 射频识别技术有哪些特点？
7. 产品电子代码技术有哪些特点？
8. 举例说明产品电子代码技术在物流中的应用。

第二章　信息传输技术

信息的可传输性与时效性是信息的主要特征。物流信息的动态性和复杂性决定了物流信息传输的重要性。常见的物流信息传输技术有计算机网络技术和电子数据交换技术。

第一节　计算机网络技术

【引导案例】

网络化助力物流园区腾飞

某物流园区是一家传统的物流园区，区内不少物流企业是家庭式货运小作坊、配货货代等。这些企业往往缺乏先进的运输管理系统和物流节点监控系统，运输流程不规范，运营监控不严，信息不对称，导致运输效率低下、车辆利用率低、空驶率较高。同时，园区日常经营管理也比较粗放，包括物业管理、安全管理、停车管理等工作都是通过人工完成的，没有实现信息化和互联互通，造成管理者不能实时、快速地了解到园区日常的运营状态。

后来，该物流园区引入了一套先进的信息系统，实现了园区的网络化经营。从园区的日常管理到园区内入驻企业生产经营的过程管理，再到园区与其他园区之间的信息互通，形成联动，从而整体上提高了物流园区全链条上的良性发展。

例如，通过对物流园区日常经营管理、园区内入驻企业实际物流运输过程的管理和监控，形成整个物流园区运营数据可视化的智能展示系统，使园区管理者可以实时监测到园区内的运转情况和物流企业的运营情况，园区经营能力得到了显著提高。引入该系统后，园区日常管理数据准确度达到100%，坏账率和安全事故发生率大幅降低，成本显著降低。同时，园区内的物流企业单车月行驶里程得到很大提升，车辆满载率、装卸车准点率均达到99%以上，客户投诉率降至0.1%以内。

一、计算机网络概述

计算机网络是计算机技术与通信技术相结合的产物，它的诞生使计算机的体系结构发生了巨大变化。计算机网络在当今社会起着非常重要的作用，在各个领域都有着广泛的应用，已成为人们社会生活中不可缺少的组成部分。

1. 计算机网络的概念

计算机网络是把分布在不同地点并具有独立功能的多个计算机系统，通过通信设备和线路联结起来，在网络软件和协议的管理下，以实现网络中资源共享为目标的系统。

2. 计算机网络的主要功能

（1）共享资源

1）共享硬件资源。各种类型的计算机、大容量存储设备、计算机外部设备（如彩色打印机、静电绘图仪等），可以通过计算机网络实现共享。

2）共享软件资源。各种应用软件、工具软件、系统开发所用的支撑软件、语言处理程序、数据库管理系统等可以通过计算机网络实现共享。

3）共享数据资源。各种数据库、办公文档资料、企业生产报表等可以通过计算机网络实现共享。

4）共享信道资源。通信信道可以理解为电信号的传输介质。通信信道是计算机网络中最重要的共享资源之一。

（2）网络通信

通过计算机网络可以传输各种类型的信息，包括数据信息和图形、图像、声音、视频等各种多媒体信息。

（3）分布处理

通过计算机网络可以把要处理的任务分散到各个计算机上运行，而不是集中在一台大型计算机上。这样不仅可以降低软件设计的复杂性，还可以大大提高工作效率和降低成本。当网络中某台计算机的任务负荷过重时，通过分布处理可以均衡负荷。

（4）集中管理

通过计算机网络可以对地理位置分散的组织和部门进行集中管理，如应用于数据库情报检索系统、交通运输部门的订票系统、军事指挥系统等系统的集中管理。

3. 计算机网络的特点

（1）可靠性

在一个网络系统中，当一台计算机出现故障时，可立即由系统中的另一台计算机来代替其完成所承担的任务。

（2）高效性

计算机网络系统摆脱了中心计算机控制数据传输的局限性，并且信息传递迅速，实时性强。

（3）独立性

网络系统中各相连的计算机是相对独立的，它们之间的关系是既相互联系，又相互独立。

（4）扩充性

在计算机网络系统中，人们能够很方便、灵活地接入新的计算机，从而达到扩充网络系统功能的目的。

（5）廉价性

计算机网络使微型计算机用户也能够体验到大型计算机的功能，这充分体现了网络系统的“群体”优势，能节省投资和降低成本。

（6）易操作性

对计算机网络用户而言，掌握网络使用技术比掌握大型计算机使用技术更为简单，实用性也很强。

二、计算机网络的基本构成

计算机网络是一个非常复杂的系统，从系统组成的角度来说，计算机网络包括硬件系统及软件系统两大部分，网络硬件提供的是数据处理、数据传输和建立通信信道的物质基础，而网络软件是真正控制数据通信的，软件的各种网络功能必须依赖硬件去完成，二者缺一不可。

1. 计算机网络的硬件系统

计算机网络硬件系统由计算机（主机、客户机、终端）、通信处理机（如集线器、交换机、路由器）、通信线路（如同轴电缆、双绞线、光纤）、信息变换设备（如调制解调器、编码解码器）等构成。

2. 计算机网络的软件系统

计算机网络的软件系统包括网络操作系统、网络协议软件、网络管理软件、网络通信软件、网络应用软件等。

（1）网络操作系统

网络操作系统是网络软件中最主要的软件，用于实现不同主机之间的用户通信，以及全网硬件和软件资源的共享，并向用户提供统一的、方便的网络接口，便于用户使用网络。常见的网络操作系统有 UNIX、Linux、NetWare 和 Windows Server 等。

（2）网络协议软件

网络协议是网络通信的数据传输规范，网络协议软件是用于实现网络协议功能的软件。目前，典型的网络协议有 TCP/IP 协议、IPX/SPX 协议、IEEE 802 标准协议系列等。其中，TCP/IP 协议是当前各种网络中应用最为广泛的网络协议。

（3）网络管理软件

网络管理软件是用来管理网络资源和维护网络的软件，可进行网络性能管理、配置管理、故障管理、计费管理、安全管理，以及网络运行状态监视与统计等。

（4）网络通信软件

网络通信软件是用于实现网络中各种设备之间互相通信的软件，它使用户能够在不必详细了解通信控制规程的情况下，控制应用程序与多个站点进行通信，并加工和管理大量通信数据。

（5）网络应用软件

网络应用软件为网络用户提供服务，它研究的重点不是网络中各个独立的计算机本身的功能，而是如何实现网络特有的功能。

三、计算机网络的类型

1. 按网络覆盖范围分类

（1）局域网

局域网（LAN）是指地理范围在 10 千米以内，属于一个部门、一个单位或一个组织所有的计算机网络，如图 2-1 所示。这种网络往往不对外提供公共服务，管理方便，安全保密性好。局域网组建方便，投资少，见效快，使用灵活。

（2）广域网

广域网（WAN）是指地理范围在几十千米到几万千米，覆盖范围小到一个城市、一个地区，大到一个国家、几个国家甚至全球的计算机网络，能够提供大范围的公共服务。互联网就是全球最大的广域网。与局域网相比，广域网投资大，安全保密性差，传输速率慢。

（3）城域网

城域网（MAN）是介于局域网与广域网之间的一种大范围计算机网络，它的地理范围通常为几千米至几十千米，能够覆盖一座城市或一个地区，实现大量用户的多种信息传输。城域网主要是为大型企业集团、互联网服务提供商、电信部门、电视台和政府构

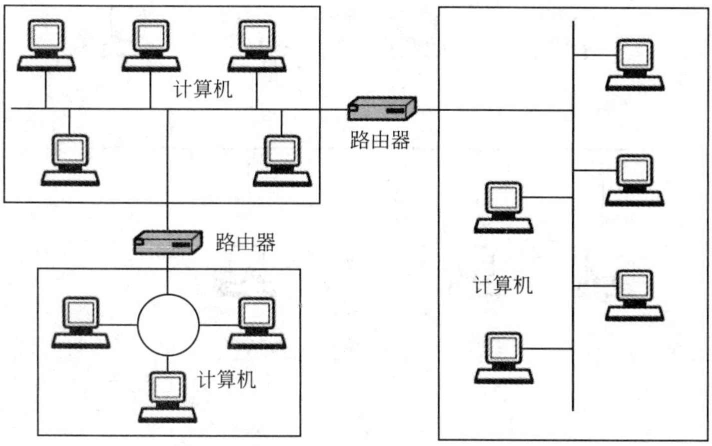

图 2-1 局域网

建的专用网络和公用网络。

2. 按拓扑结构分类

拓扑是一种研究与大小和形状无关的点、线、面特点的方法。在计算机网络中，可以抛开网络中的具体设备，把工作站、服务器等网络单元抽象为“点”，把网络中的电缆等通信介质抽象为“线”。这样，计算机和网络系统就形成了点和线组成的几何图形，从而抽象出计算机网络的拓扑结构。按照拓扑结构不同，计算机网络可以分为以下 6 类：

（1）总线拓扑结构网络

总线拓扑结构网络（见图 2-2）的结构比较简单，网络中的所有设备都直接采用一条称为公共总线的传输介质相连，这种介质过去一般采用同轴电缆（包括粗缆和细缆），现在多采用光纤。这种将所有站点通过相应的硬件接口直接连到公共总线传输介质上的网络结构，称为总线拓扑结构。

（2）星形拓扑结构网络

星形拓扑结构网络（见图 2-3）目前在局域网中应用得最为普遍，在企业网络中几乎都是采用这一方式。它以中央节点为中心，各节点与中央节点通过点对点方式相连，由中央节点进行集中式通信控制，因此，中央节点通信信道在硬件配置和软件优化方面尤其重要。

中央节点有两类：一类是一台功能很强的计算机，它既是一台用于信息处理的独立计算机，又是一台信息转接中心，早期的计算机网络多采用这种类型的中央节点；另一类是一台网络转接或交换设备，如交换机或集线器，目前的星形拓扑结构网络基本都是采用这种类型的中央节点，将一台计算机作为中央节点的方式已经很少采用。一个比较大的网络往往采用几个星形拓扑结构网络组合成扩展星形网络。

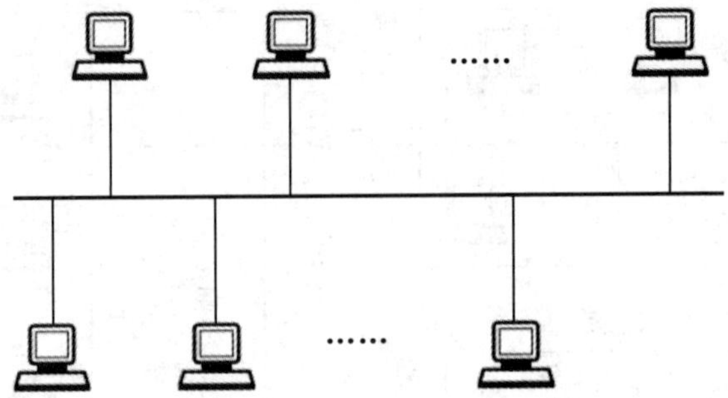

图 2-2　总线拓扑结构网络

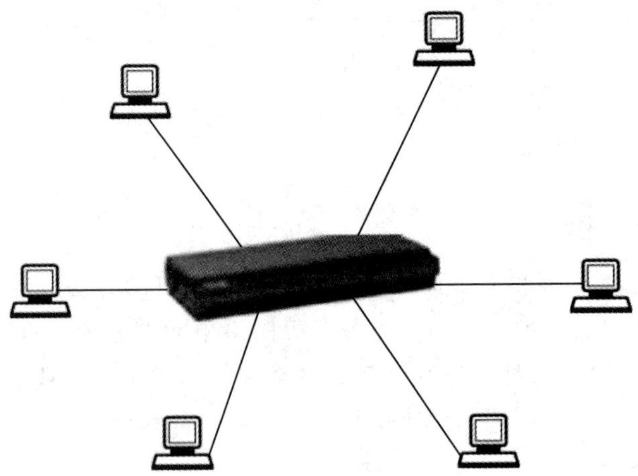

图 2-3　星形拓扑结构网络

（3）环形拓扑结构网络

在环形拓扑结构网络（见图 2-4）中，计算机网络中的各节点通过环路接口连在一条首尾相接的闭合环形通信线路上，环路上的任何节点均可请求发送信息。请求一旦被批准，便可以向环路发送信息。这种网络中的数据可以是单向传输，也可以是双向传输。

（4）树形拓扑结构网络

树形拓扑结构网络（见图 2-5）又称分级的集中式网络，是星形拓扑结构网络的扩展。它采用分层结构，形状像一棵倒置的树，顶端是“树根”（节点），由“根”引出若干分支（分支节点）、子分支。在这种网络中，任意两个节点之间不产生回路，每个链路都支持双向传输。当任意节点发送信息时，“根”节点接收该数据，然后再重新发送到网络中的其他节点。

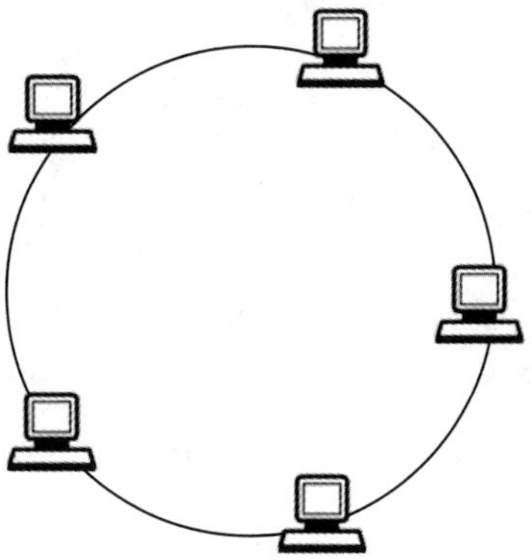

图 2-4　环形拓扑结构网络

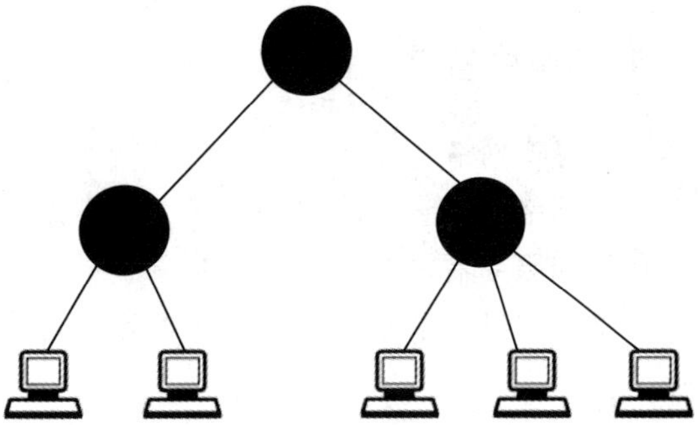

图 2-5　树形拓扑结构网络

（5）网状拓扑结构网络

在网状拓扑结构网络（见图 2-6）中，分布在不同地点、各自独立的节点相连，每一个节点至少有一条线路与其他节点相连，每两个节点间的通信线路可能不只一条，能相互通信。互联网大多采用这种结构。

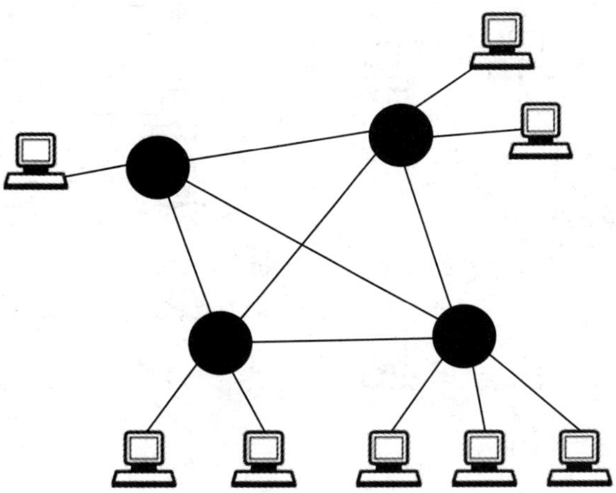

图 2-6　网状拓扑结构网络

（6）蜂窝拓扑结构网络

蜂窝拓扑结构是无线局域网常用的结构，它能够与无线传输介质（如微波、红外线、激光等）点对点和多对点的特性相结合，适用于移动通信领域，特别是不利于铺设电缆的地方。

在组网时，局域网通常采用星形、环形、树形和总线结构，广域网多采用树形和网状结构。此外，计算机网络还可以按照网络适用范围、数据交换方式、传输介质、网络操作系统等进行分类。例如，按照网络适用范围不同，计算机网络可以分为公用网和专用网。

3. 按网络的管理方式分类

（1）对等式网络

对等式网络是最简单的网络，网络中不需要专门的服务器，接入网络的每台计算机没有工作站和服务器之分，它们都是平等的，既可以使用其他计算机上的资源，也可以为其他计算机提供共享资源。这是一种比较适合于部门内部协同工作的小型网络，如图2-7所示。

（2）客户/服务器式网络

在客户/服务器式（C/S）网络中，有一台或多台高性能的计算机专门为其他计算机提供服务，这类计算机称为服务器；而其他与之相连的用户计算机通过向服务器发出请求可获得相关服务，这类计算机称为客户机。如图2-8所示。

C/S网络是最常用、最重要的一种网络类型，C/S网络的性能在很大程度上取决于服务器的性能和客户机的数量。

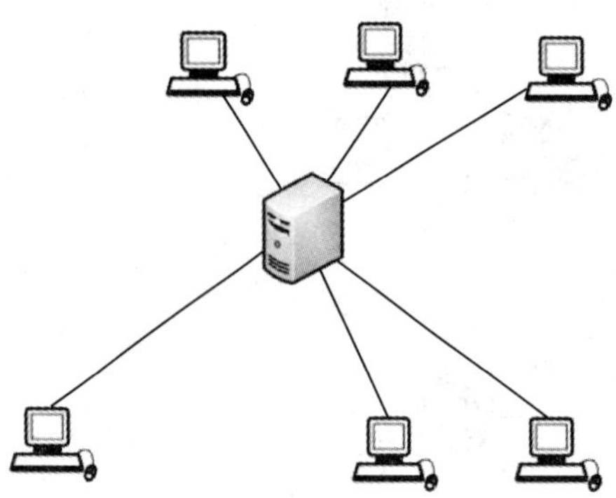

图2-7　对等式网络

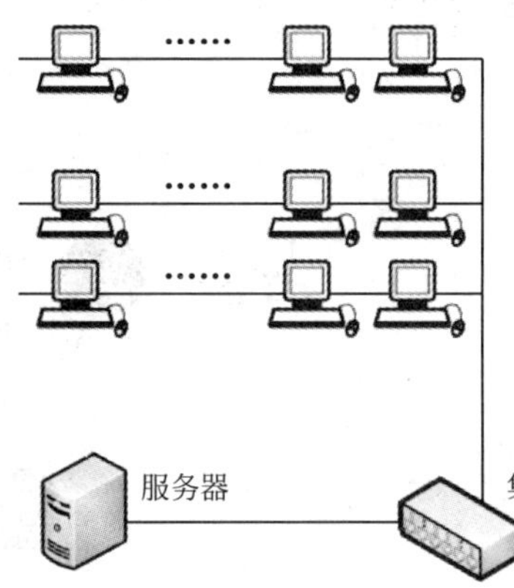

图2-8　客户/服务器式网络

服务器包括文件服务器和通信服务器，服务器上装有网络操作系统（如Windows Server、Linux、UNIX、NetWare等）。有的服务器还兼做互联网中的路由器，是互联网上的有源节点。

客户机也称工作站，一般是指微型计算机、图形工作站、小型机等，用户通过它访问服务器上的软件资源以及共享网络上的硬件资源。

四、物流企业网络建设与安全

物流企业的网络建设要从技术、经济两个方面来考虑，可以以TCP/IP协议为网络通信协议，由网络服务器、通信设备、网络安全设备等组成，应用网间互联、网络交换、网络管理、互联网技术，以及虚拟专用网(VPN)等技术，同时包含现有网络应用支撑系统，支持上层应用软件的运行，从而建立起先进、安全、可靠、稳固、开放的网络应用平台。

1. 物流企业网络的设计原则、功能和建设

(1) 物流企业网络的设计原则

一般来说，物流企业网络设计的基本原则有以下几点：

1) 经济性。尽量采用性价比比较好的网络设备、计算机终端设备、软件服务，以低廉的价格获取较高性能。

2) 实用性。确保加快信息传递、提高工作效率、节约办公费用。在满足企业日常生产、管理的基础上，可适度超前。

3) 简单性。人机界面一定要友好。要让物流企业绝大多数员工能够迅速上手，最好能够做到界面图形化、操作按钮化，使员工在接受简单培训后便能熟练运用。

4) 扩展性。在物流企业不断发展以及新技术不断出现的情况下，新增的硬件设备能方便地接入网络，容易实现网络扩容，并且软件易于更新、维护、升级。

5) 安全性。网络上的信息必须安全、相对保密、具有独立备份，没有权限的人不能浏览、下载网络信息，网络能有效防范恶意入侵。

(2) 物流企业网络的功能

物流企业网络一般都可以提供电子邮件、文件传输、信息检索、在线聊天等服务，此外，还大多具有以下功能：

1) 进行企业内部通信。例如，各种资料、图纸或从外部网络发来的传真、电子邮件等可以通过企业内部网络传递；各级主管可以以电子签名的形式在网络上审批文件。企业员工可以通过企业内部网络与有关部门进行信息交流，实现无纸化办公，从而节省办公费用，提高办公效率。

2) 数据共享。企业相关业务部门可以通过网络共享有关数据。但对于重要数据，要设置相应权限，只有拥有一定权限的部门才能使用和访问重要数据。

3) 实时控制与监督。利用网络，物流企业管理人员或客户可以随时了解车辆和货物的情况，车辆驾驶人员和其他业务人员也可以随时向上级汇报工作。

(3) 物流企业网络建设

物流企业网络建设是一项复杂的系统性工程。为了对物流企业内部网络的开发和维护进行有效管理，必须制定一个科学、合理、有效的网络建设规划。首先，应由用户提出需求报告，网络设计人员才能在此基础上开始规划和设计。有时还需要由专业人员组成调查分析小组，深入细致地调查，以完成网络系统的可行性分析及需求分析。其次，进行网络总体规划，根据系统设计规划提出一整套网络系统方案，包括网络的结构、分

布、基本设备、类型、规模、基本功能、服务项目和经费预算等。

物流企业网络的具体组建要综合考虑企业办公环境、面积、人数、企业规模、业务量、业务特点和企业未来发展规划等多种因素，不同的物流企业，网络建设的复杂程度相差很大。例如，对小型物流企业而言，只需要一个集线器（或交换机）、几块网卡和若干电缆就能组建一个基本的网络。

物流企业可选择组建快速以太网，这种有线局域网安装容易、经济实用、性能优良，目前在办公局域网中广泛采用。这种网络主要采用星型布线，通过路由器连接到互联网上。

在布线不便或企业规模较小等情况下，物流企业还可选择组建无线局域网。无线局域网不仅可以作为有线局域网的补充及延伸，而且还可以与有线局域网互为备份。组建无线局域网通常需要无线网卡、无线路由器等设备，复杂的无线网络一般还需要无线控制器、交换机，以及安全设备、流量控制或上网行为管理等设备。将无线局域网中的几种设备结合在一起使用，可以组建出多层次、无线和有线并存的计算机网络。

2. 物流企业网络安全管理

计算机网络具有开放性、互联性、连接形式多样性、终端分布不均匀性等特征，容易受到黑客和恶意软件等的攻击。因此，物流企业网络必须能够全方位应对各种不同的网络威胁，确保网络信息的保密性、完整性和可用性。

（1）影响物流企业网络安全的主要因素

影响物流企业网络安全的主要因素有很多，归结起来主要有人为的无意失误、人为的恶意攻击，以及网络软件的漏洞和“后门”三个方面，并具体表现为以下几类：

1）病毒的破坏。计算机病毒影响计算机系统的正常运行，破坏系统软件和文件系统，破坏网络资源，使网络效率急剧下降，甚至造成计算机和网络系统的瘫痪，是影响物流企业网络安全的主要因素。

2）操作系统安全问题。目前广泛使用的操作系统都存在各种各样的安全问题，许多新型计算机病毒都是利用操作系统的漏洞进行传播，因此需要对操作系统进行及时更新，弥补各种漏洞。

3）非正常途径访问或内部破坏。例如：有人通过网络恶意销毁或窜改企业人事档案记录；有人改变程序设置，引起网络系统混乱；有人在网络系统上越权办公，或窃取机密数据。这些行为都严重威胁着物流企业网络安全。

4）设备受损。企业内部网络涉及的设备分布在企业内各个地方，管理起来非常困难。一旦设备受损，会造成企业内部网络全部或部分瘫痪的严重后果。

5）其他因素。部分企业人员网络安全意识薄弱，安全知识缺乏，企业的规章制度还不够完善，不能够有效地规范和约束员工上网行为，容易造成密码泄露等问题，从而影响企业网络安全。

(2) 物流企业网络安全管理策略

1) 物理安全策略。保证计算机网络系统各种设备的物理安全是企业内部网络安全的前提。物理安全主要包括环境安全和设备安全，它的目的是保护计算机网络设备设施免遭地震、水灾、火灾等环境事故，人为操作失误或错误，以及各种犯罪行为导致的破坏。

2) 访问控制策略。访问控制的主要任务是保证网络资源不被非法使用和访问，它是保证网络安全最重要的核心策略之一。访问控制策略的具体方式主要有入网访问控制、网络权限控制、目录级安全控制、属性安全控制、网络服务器安全控制、网络端口和节点安全控制。

3) 防火墙技术。防火墙是指对计算机内外网之间的通信进行访问控制的一种安全应用措施。它是一道用于阻止网络黑客攻击某个网络的屏障，是在两个网络之间执行控制策略的系统（可能是软件、硬件或者是两者并用），用来限制外部非法用户访问内部网络资源。它通过相应的网络通信监控系统来隔离内部和外部网络，以阻挡外部网络的侵入，防止外部窃取数据或恶意攻击。由于它透明度高且简单实用，目前被广泛应用。

4) 跟踪审计技术。跟踪审计技术可以验证网络安全策略是否得当，确认安全策略是否贯彻执行，并及时报告各种情况；还可以记录遭到的攻击，检测是否因配置错误而导致安全漏洞，统计是否有滥用网络以及其他异常现象等。与跟踪审计技术相关的方法有记账（日志）、网络监控、入侵检测与防止、可疑活动的实时报警等。

5) 网络安全管理规范。网络安全技术的应用必须依赖网络安全管理规范的支持。在网络安全中，除采用技术措施外，加强网络安全管理，制定有关的规章制度，对于确保网络安全将起到十分关键的作用。网络安全管理规范主要包括：确定安全管理等级和安全管理范围，制定网络操作使用规程和人员出入办公室管理制度，制定网络系统的维护制度和应急措施。

【技能训练 3】

组建无线局域网

1. 训练目标

了解无线局域网常用的网络设备，掌握无线路由器（即无线访问节点，可将有线网络转换为无线网络）的设置方法，以及多台计算机组建无线局域网的方法。

2. 训练准备

教师准备实训任务书和实训设备，每组设备包括无线路由器 1 台、装有无线网卡的计算机 3 台、网线若干。对学生进行分组，以 5 人为一组，设组长 1 名。

3. 训练任务

某物流公司一分部有 3 台计算机，需要组建一个无线局域网，实现资源共享。

操作完毕后，撰写实训报告，制作 PPT 并汇报。实训报告要有训练目标、时间、地点、内容、总结及教师评语等内容。

4. 操作步骤

(1) 设置无线路由器

分别用网线将无线路由器与外接网络设备(如光调制解调器)、无线路由器与1台计算机连接好。然后在计算机中设置好IP地址，如果没有特定要求，一般采用计算机的自动设置即可。设置完毕后，在计算机浏览器中输入无线路由器的IP地址(不同品牌的路由器该地址有所不同，通常可在路由器背面的标识中查看。此处以小米路由器3C为例，为“http://192.168.31.1”)进入设置页面。再依次点击“常用设置”“上网设置”，进入上网设置页面，输入外接网络的账号和密码，并选择上网方式。完成设置后如图2-9所示。

图 2-9　上网设置

依次点击“常用设置”“Wi-Fi设置”，进入Wi-Fi设置页面。设置无线连接密码，其他计算机需要凭该密码方能连接网络，完成设置后如图2-10所示。

图 2-10　Wi-Fi 设置

最后，对一些需要限制的设备可在“安全中心”设置页面输入信息，如图 2-11 所示。

图 2-11　安全设置

(2) 将计算机连接到无线网络

打开其他需要联网的计算机，在“无线网络”中将会显示刚才所设的无线网络，选择后输入之前所设置的无线连接密码，即可完成计算机的联网。进入无线路由器设置页面，点击主菜单中的“路由状态”，可以查看联网状态，如图 2-12 所示。已通过有线方式连接无线路由器的这台计算机如需改为无线连接，需拔下网线后进行设置。

图 2-12　查看联网状态

各台计算机均完成联网后，无线局域网即组建成功。

5. 训练评价

完成训练后，填写技能训练评价表（见表 2-1）。

表 2-1　　技能训练评价表

专业		班级		姓名	
实训时间		实训地点			
实训项目	组建无线局域网				
序号	评价内容	分值	小组评分（50%）	教师评分（50%）	单项总分
1	正确辨识无线局域网常用的网络设备	10			
2	正确设置无线路由器	20			
3	正确组建无线局域网	40			
4	遵守纪律，爱护设备，礼仪符合要求，团队合作好	5			
5	实训记录内容全面、真实、准确，实训报告撰写规范	15			
6	PPT 制作规范，汇报语言清楚，概念表达正确	10			
合计		100			

指导教师评语：

第二节　电子数据交换技术

【引导案例】

日本化妆品行业的 EDI（电子数据交换）应用

过去，日本化妆品行业的流通环节非常复杂，并且物流效率很低。制造商和零售商之间夹杂着贸易公司、分店、批发商等各种组织机构，并且每个组织机构都在各自重复着发货、收货、库存、装卸、点验货等物流作业。这就使每件商品起码需要进行 4 次点验货才能在零售店中上架。重复烦琐的点验货手续消耗了导购人员的许多工作时间，而处理发货单、收货单等纸质文件也会消耗大量时间。同时，商店导购人员往往不能根据自己掌握的顾客需求情况进行订货，这就让注重流行的化妆品错过了最佳的销售时机。

后来，为了改变这种状况，很多企业积极开展 EDI 的应用，借助 EDI 尽可能减少企业不必要的开支，实现物流和交易的效率化以及资源配置的合理化。

很多企业通过EDI实现商务的电子化，尤其一些著名的百货店和化妆品生产商，都积极地引入EDI，借助EDI“无纸化”“电子传输化”“信息共享化”等优势提高物流和交易环节的效率，降低物流成本，减少所耗费的资源。有的企业把订货、接受订货、交货、点验货等信息通过网络共享，大大减少了不必要的手续和工作时间。生产商会把发货时点验货的记录通过网络和各流通部门共享，各个部门原则上不需要再度进行点验货，而百货店会对该生产商的商品进行定期抽检。电子化的信息共享还在最大程度上减少了纸质交易文书的使用，节省了处理这些文书的时间和劳动力。有的企业还对化妆品的订货手续进行了简化，使导购人员无须因为每张订单都向百货店确认而浪费本应用在导购服务上的时间，从而使商品获得最佳的销售时机。

一、电子数据交换技术概述

电子数据交换（EDI）是由国际标准化组织推出的国际标准，它是指采用标准化的格式，利用计算机网络进行业务数据的传输和处理。由于使用EDI可以减少甚至消除贸易过程中的纸面文件，因此EDI又被人们通俗地称为“无纸贸易”。它是一种在企业等机构之间传输订单、合同、发票等单证文件的电子化手段。它通过专用的通信网络传输贸易、运输、保险、银行和海关等相关信息，实现各有关部门或企业之间的数据交换与处理，并完成以贸易为中心的全部过程。它是一种电子化贸易工具，是计算机、通信和现代管理技术相结合的产物。

EDI单证大多是具有一定商业价值的商业单证，通过由专门机构管理的EDI增值网络进行交换具有较高的安全性和可靠性。随着现代科技的迅猛发展，EDI技术也在与包括互联网技术在内的其他先进技术不断融合，面向更为广阔的电子商务服务领域，为用户提供更灵活、多样、简便的使用方式。

1. EDI的内涵

由于EDI在各领域的应用不同，实施目的不同，因此EDI没有统一的定义。

EDI包含计算机应用、通信、标准化三个方面的内容。其中计算机应用是EDI的前提条件，通信环境是EDI的应用基础，网络和数据的标准化是EDI的主要特征。这三个方面相互衔接、相互依存，构成了EDI的基础框架。

2. EDI的构成

构成EDI系统的三个要素是EDI数据标准、EDI软件和硬件，以及通信网络。首先，必须有一套计算机数据处理系统；其次，为使企业内部数据比较容易地转换为

EDI标准格式，须采用一定的数据标准；最后，通信环境的优劣也是关系到EDI成败的重要因素之一。

（1）EDI数据标准

数据标准是整个EDI最关键的部分。由于EDI是以事先商定的报文格式进行数据传输和信息交换，所以制定统一的EDI标准至关重要。EDI的标准包括EDI网络通信标准、EDI处理标准、EDI联系标准和EDI语义语法标准等。

（2）EDI软件模块

EDI系统各个功能的实现有赖于软件、硬件的支撑，其中的软件按其所实现的功能不同，可以分为报文生成及处理模块、用户接口模块、内部接口模块、格式转换模块和通信模块五个部分。

报文生成及处理模块的作用有两项：一是接收来自用户接口模块和内部接口模块的命令和信息，按照EDI标准生成订单、发票、合同以及其他各种EDI报文和单证，经格式转换模块处理之后，由通信模块经EDI网络转发给其他EDI用户；二是自动处理由其他EDI系统发来的EDI报文。

用户接口模块包括用户界面和查询统计。用户界面是EDI系统的外包装，它的设计是否美观，使用是否方便，直接关系到EDI系统的外在形象。

内部接口模块是EDI系统和本单位内部其他信息系统及数据库的接口，一个单位信息系统应用程度越高，内部接口模块也就越复杂。一份来自外部的EDI报文，经过EDI系统处理之后，大部分相关内容都需要经过内部接口模块送往其他的信息系统，或查询其他的信息系统才能给对方EDI报文以确定的答复。

格式转换模块必须能够适应和识别不同的EDI标准，做出相应的转换处理，还必须能够将一种标准的EDI报文转换成其他标准格式，以便和国际上广泛存在的EDI系统互通。

通信模块是EDI系统与EDI通信网络的接口，一般具有执行呼叫、自动重发、合法性和完整性检查、出错报警、自动应答、通信记录、报文拼装和拆卸等功能。在某种程度上，通信模块与通信网络是一体的，它们的作用就是使EDI系统能够在一个安全、可靠、方便的通信平台上运行。

（3）通信网络

通信网络是实现EDI的技术基础。为了传递文件，必须有一个覆盖面广、高效安全的数据通信网作为其技术支撑环境。由于EDI传输的是具有标准格式的商业或行政有价文件，因此除了要求通信网具有一般的数据传输和交换功能之外，还必须具有格式校验、确认、跟踪、防窜改、防盗窃、电子签名、文件归档等一系列安全保密功能，并且在用户间出现法律纠纷时能够提供法律证据。EDI的开发、应用就是通过计算机通信网络实现的。

3. EDI系统的工作过程

首先，发送方将要发送的数据从信息系统数据库提出，转换成平面文件（中间文件），再将平面文件翻译为标准 EDI 报文，并组成 EDI 信件。然后，接收方从 EDI 信箱收取信件，将 EDI 信件拆开并翻译成为平面文件，再将平面文件转换并发送到接收方信息系统中进行处理。以贸易公司的 EDI 为例，其具体工作过程如图 2-13 所示。

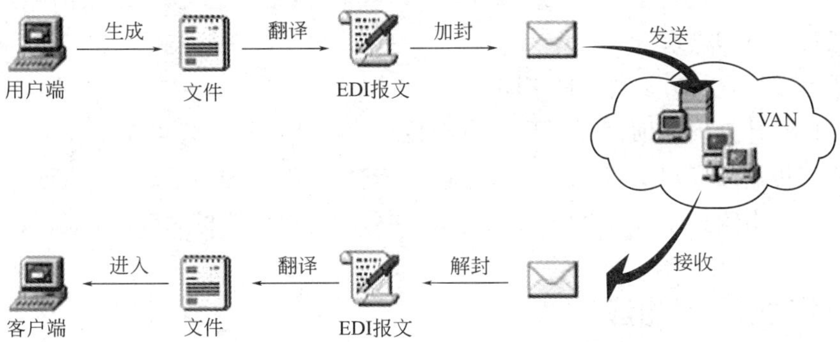

图 2-13　EDI 系统的工作过程

4. EDI的特点和作用

EDI 的使用对象是不同的组织，EDI 是企业间信息交流的一种方式。

EDI 所传输的资料是一般业务资料，如发票、订单等，而不是指一般性的通知。

EDI 传输的报文是格式化的，是符合国际标准的，这是计算机能够自动处理报文的基本前提。

EDI 使用的数据通信网络一般是增值网、专用网。数据传输由收送双方的计算机系统直接传输、交换资料，不需要人工介入操作。而传真与电子邮件需要人工识读判断处理才能进入计算机系统。人工将资料重复输入计算机系统中，既浪费人力资源，也容易发生错误，而 EDI 不需要再将有关资料重复输入系统。

使用 EDI 可以减少人为失误，提高效率，减少库存，改善现金流。EDI 主要应用于商业、外贸、制造业、化工、石油、汽车、金融、银行、交通运输、海关等领域，并进一步拓展到广告、教育、司法、保险等领域。

5. EDI的类型

根据功能不同，EDI 可以分为以下四类：

（1）订货信息系统

该系统是应用最广泛的 EDI 系统，又可称为贸易数据互换系统（TDI）。它用电子数据文件来传输订单、发货票和各类通知。

（2）电子金融汇兑系统（EFT）

该系统用于在银行和其他组织之间实行电子费用汇兑。EFT 已使用多年，但它仍在不断改进中。最大的改进是同订货系统联系起来，形成一个自动化水平更高的系统。

（3）交互式应答系统（IQR）

该系统可作为机票预定系统应用在旅行社或航空公司。这种 EDI 在应用时要询问到达某一目的地的航班，要求显示航班的时间、票价或其他信息，然后根据旅客的要求确定所要的航班，打印机票。

（4）带有图形资料自动传输的 EDI

最常见的是计算机辅助设计图形的自动传输。例如，设计公司完成一个厂房的平面布局图，将其传输给厂房负责人，以供其提出修改意见。一旦该设计被认可，系统将自动输出订单，发出购买建筑材料的报告。EDI 在收到这些建筑材料后，自动开出收据。

二、EDI 在物流中的应用

1. EDI 在运输企业中的应用

企业若为数据传输而引入 EDI，可选择低成本方式。可先引入托运单，接收托运人传来的 EDI 托运单报文，将其转换成企业内部的托运单格式。其优点是可事先得知托运货物的详情，包括箱数、重量等，以便调配车辆，并且不需重新输入托运单数据，节省人力和时间，减少人为错误。

若引入 EDI 是为改善作业流程，可逐步引入各项单证，且与企业内部信息系统集成，逐步改善托运、收货、送货、回报、对账、收款等作业流程。

进行托运收货作业时，如果事先得知托运货物详情，可调配车辆前往收货。托运人传来的 EDI 托运数据可与发送系统集成，自动生成发送明细单。

送货回报作业托运数据可与送货的回报作业信息集成，将送货结果及早回报给托运人，提高客户服务质量。此外，对已完成送货的交易，也可回报运费，供客户提早核对。

进行对账作业时，可用回报作业通知每笔托运交易的运费，同时用 EDI 催款对账单向客户催款。

2. EDI 在第三方物流企业中的应用

物流企业是供应商与客户之间的桥梁，它对调节产品供给、缩短流通渠道、形成经济的流通规模及降低流通成本有极大的作用。

如果配送中心引入 EDI 是为了传输数据，可以低成本引入出货单。如果希望引入

EDI 改善作业流程，可依次引入各单证，并与企业内部信息系统集成，逐步改善接单、配送、催款的作业流程。

出货单是客户发出的出货指示，物流公司引入 EDI 出货单后，可与自己的拣货系统集成，生成拣货单，这样就可以加快内部作业速度，缩短配货时间。在出货完成后，可将出货结果用 EDI 通知客户，使客户及时知道出货情况，也可尽快处理缺货情况。

对于每月的出货配送业务，物流公司可引入 EDI 催款对账单，同时开发对账系统，并与 EDI 出货配送系统集成以生成对账单，从而减轻财务部门每月的对账工作量，降低对账的错误率，减少业务部门的催款工作。

除数据传输及改善作业流程外，企业还可以 EDI 为工具进行企业再造。

3. EDI 在配送中心中的应用

EDI 的主要功能有传输交换电子数据、转换文书数据标准格式、加强安全保密、提供信息查询服务和信息增值服务等。配送中心应用 EDI 系统不但可以调节产品供需，缩短流通渠道，而且可以降低运营成本，提高供应链数据传输速度和准确性，扩大信息含量，缩短订货采购周期，降低库存费用。

在配送中心设置 EDI 系统终端，处理和交换有关订货、库存、销售的信息，以及运输日程、通知等方面的信息，可以减少票据处理、数据输入输出等事务性作业，而且可以减少库存，缩短订货时间，提高工作效率。

应用 EDI 系统后，配送中心可以与供应商和客户实现无纸化交易，减少大量人力和纸张的浪费，从而降低交易成本；配送中心、供应商、客户可以实现信息共享，供应链上各个节点企业都能了解到商品的销售、库存、生产进度等方面的信息，从而增强供应链的透明度。

4. EDI 在批发企业中的应用

批发企业可以利用 EDI 改善接单、出货、催款、订购、验收、对账、付款等作业流程。相对于传统的订货和付款方式，批发企业应用 EDI 系统可以大大节约时间和费用。而且，EDI 系统较好地解决了网络安全问题。这是因为，EDI 系统的使用者均有可靠的信用保证，系统有严格的登记手续和准入制度，以及多级权限的安全防范措施，从而使包括付款在内的全部交易工作十分安全。

5. EDI 在海关业务中的应用

海关作为进出口贸易的监督管理部门，是联结贸易、运输、银行、保险等行业以及对外贸易、商检等部门的纽带。同时，海关也是对大量经贸信息进行处理和传输的中枢及接收端。海关的 EDI 应用如图 2-14 所示。

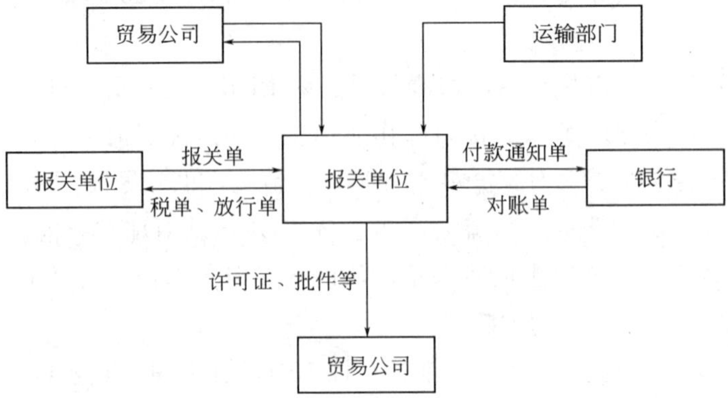

图 2-14　海关的 EDI 应用

我国海关 EDI 通关系统是指海关与通关对象之间运用 EDI 技术自动交换和处理通关文件，并利用海关计算机应用系统及时、自动完成整个通关过程的 EDI 系统。EDI 通关系统涉及进出口货物报关、审单、征税、放行等环节，以及报关行、金融单位、仓储企业、运输企业和国际贸易行政管理部门等组织。

EDI 通关申报既可全部采用 EDI 申报的方式，也可采用 EDI 申报与人工申报相结合的方式。

【技能训练 4】

EDI 应用系统模拟

1. 训练目标

了解 EDI 的系统构成，掌握 EDI 的工作流程。

2. 训练准备

教师准备实训任务书、实训设备、德意电子商务实验室软件和网络环境，对学生进行分组，以 5～7 人为一组，设组长 1 名。

3. 训练任务

以出口单位的身份应用德意电子商务实验室软件 EDI 应用系统模块，模拟完成 EDI 单证填写、报文生成、报文发送等业务。

操作完毕后，撰写实训报告，制作 PPT 并汇报。实训报告要有训练目标、时间、地点、内容、总结及教师评语等内容。

4. 操作步骤

（1）完善初始数据

1）打开软件，点击“EDI 应用系统模拟”，登录 EDI 系统，如图 2-15 所示。

图 2-15　登录 EDI 系统

2）管理贸易伙伴。进入 EDI 应用系统，如图 2-16 所示，点击其中的“贸易伙伴管理”。

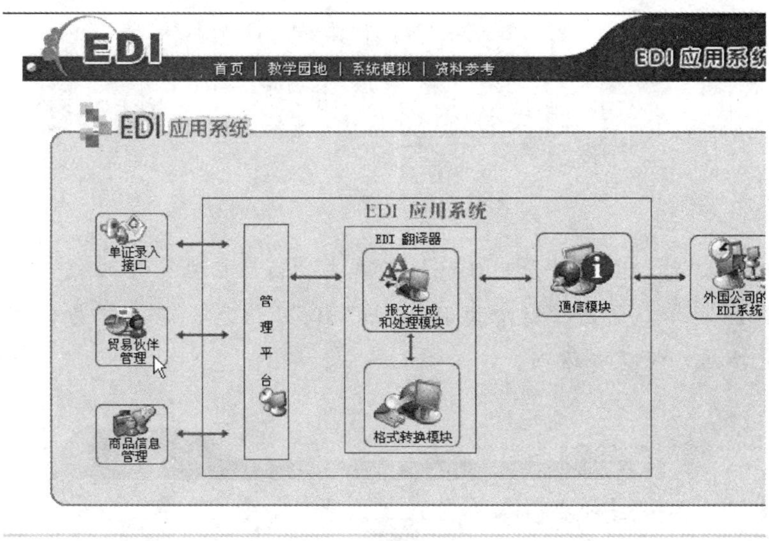

图 2-16　EDI 应用系统

进入贸易伙伴管理操作页面（见图 2-17），新增贸易伙伴类型，填写贸易伙伴类型信息。新增类型成功后，返回前一页面（见图 2-18），新增贸易伙伴，填写贸易伙伴信息（记住名称）。填写完毕后，保存并返回。

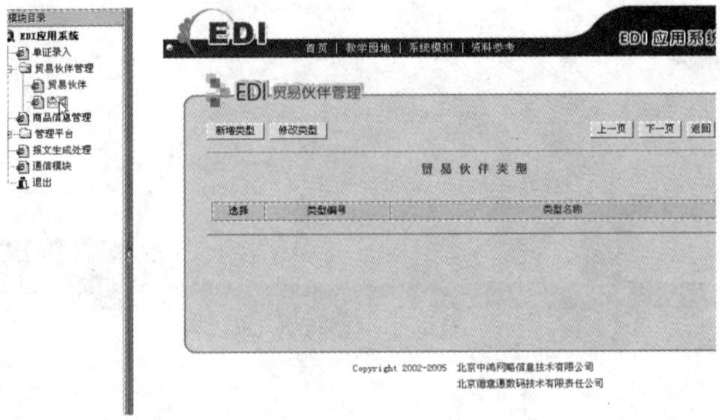

图 2-17　新增贸易伙伴类型

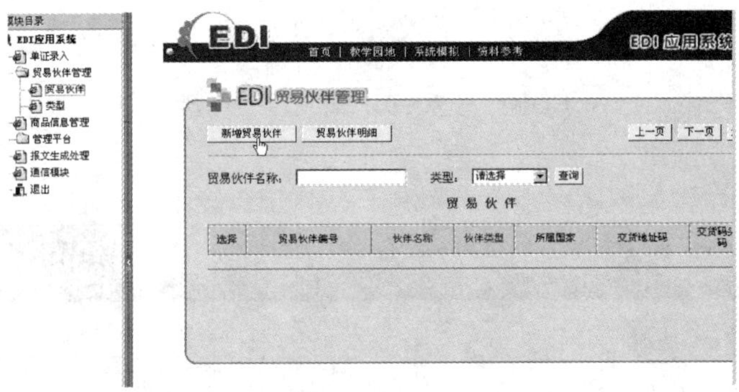

图 2-18　新增贸易伙伴

3）新增商品信息。在 EDI 应用系统页面点击“商品信息管理”，进入商品信息管理页面，如图 2-19 所示。点击“新增商品”，填写商品信息，选择贸易伙伴，如图 2-20 所示。填写完毕后，保存并返回。

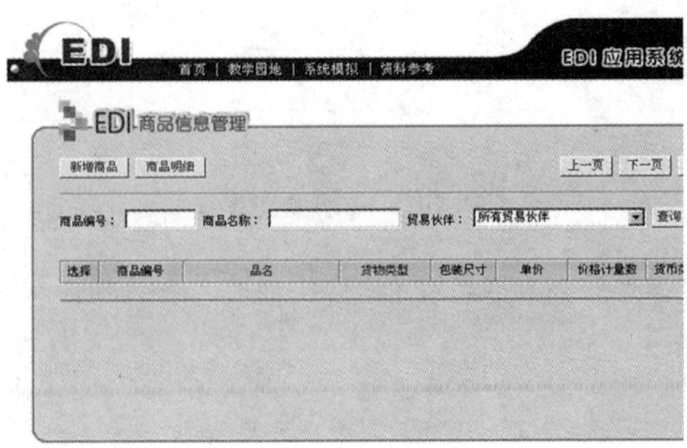

图 2-19　商品信息管理

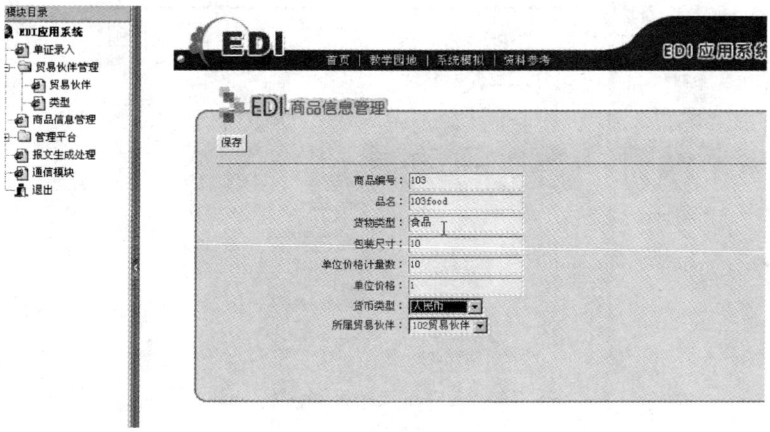

图 2-20　保存商品信息

(2) EDI 单证处理

1) 新增单证。在 EDI 应用系统页面点击“单证录入接口”，进入新增单证页面，如图 2-21 所示。选择贸易伙伴、商品，记录单证编号，保存并返回，如图 2-22 所示。

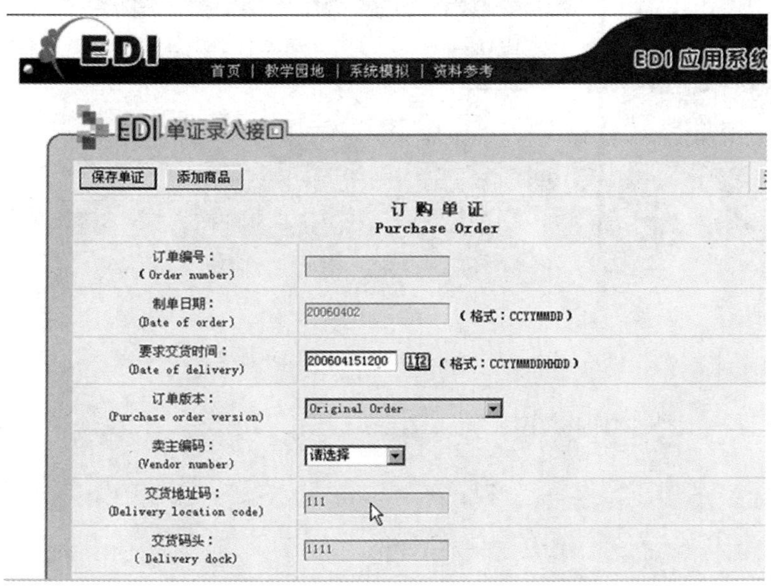

图 2-21　新增单证

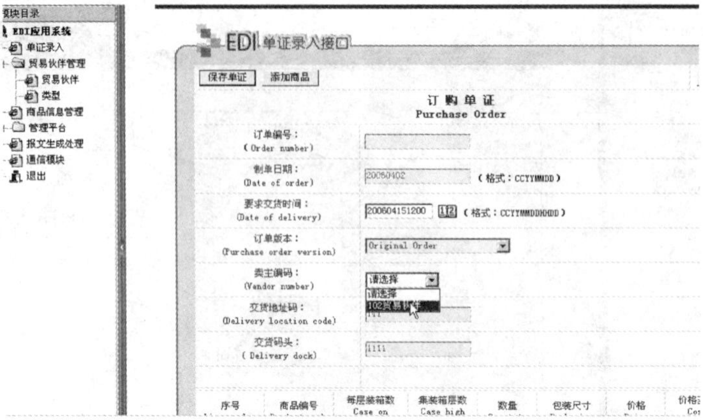

图 2-22　保存单证信息

2）生成平面文件。进入 EDI 报文生成和处理模块，选择新建的单证，点击“翻译成 EDI 报文”，如图 2-23 所示。生成的 EDI 报文如图 2-24 所示。

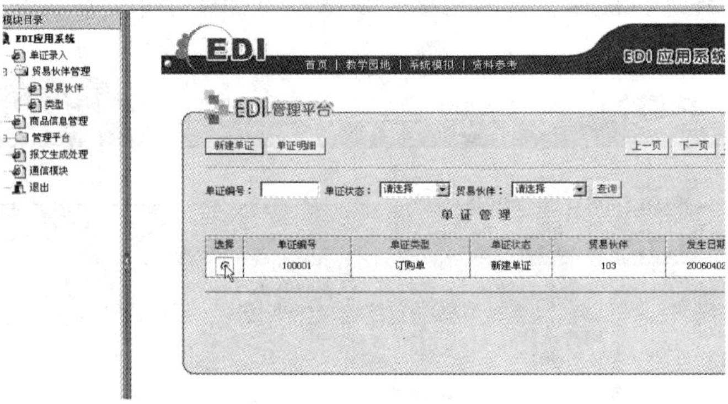

图 2-23　选择单证生成 EDI 报文

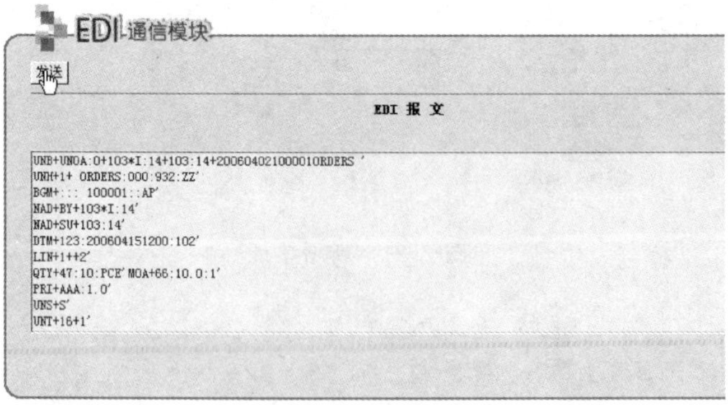

图 2-24　生成 EDI 报文

3）发送报文。进入 EDI 通信模块，点击“发送”，如图 2-25 所示。

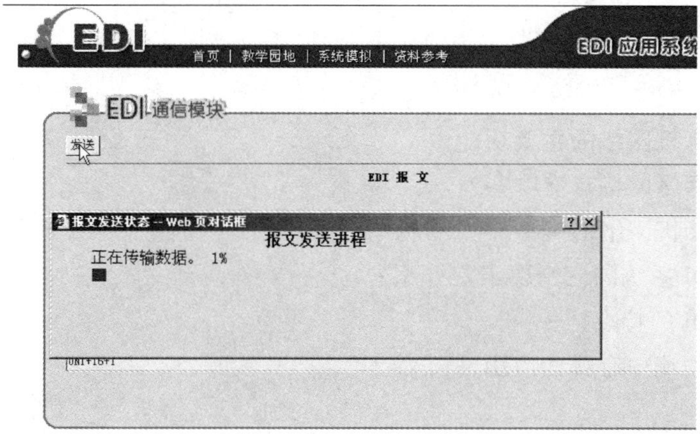

图 2-25　发送报文

5. 训练评价

完成训练后，填写技能训练评价表（见表 2-2）。

表 2-2　　技能训练评价表

专业		班级		姓名	
实训时间		实训地点			
实训项目	EDI 应用系统模拟				
序号	评价内容	分值	小组评分（50%）	教师评分（50%）	单项总分
1	准确表述 EDI 的系统构成	10			
2	在 EDI 应用系统中正确进行 EDI 单证的初始化	20			
3	在 EDI 应用系统中正确生成并发送报文	40			
4	遵守纪律，爱护设备，礼仪符合要求，团队合作好	5			
5	实训记录内容全面、真实、准确，实训报告撰写规范	15			
6	PPT 制作规范，汇报语言清楚，概念表达正确	10			
合计		100			

指导教师评语：

思考练习题

1. 简述计算机网络的主要功能。
2. 计算机网络的特点有哪些？
3. 简述计算机网络的类型。
4. 构成 EDI 系统的三个要素是什么？
5. 简述 EDI 的特点。
6. EDI 在物流中有哪些应用？

第三章　地理信息技术

物流中的运输、仓储和配送等活动大多与地理位置相关，因此，物流信息中的大部分信息也都与地理位置有关。例如，物流中心位置选择、配送点布局、配送路线优化、运输车辆实时监控与调度等，都与地理位置信息密切相关。所以，物流与地理信息技术的联系极为紧密。

物流中广泛应用的地理信息技术主要有两类：一类是地理信息系统（GIS），另一类是全球定位系统（GPS）。

第一节　地理信息系统

【引导案例】

Y 公司的地理信息系统

一套功能完善、使用方便，信息量丰富细致，能够实时反映交通网络变化的 GIS 平台是实现现代物流配送中心城市车辆优化调度的先决条件，同时也是现代物流企业网络建设的一个基础信息平台。Y 公司是一家物流配送公司，他们所拥有的 GIS 在公司运营中发挥了巨大作用。该系统主要具有以下功能：

1. 进行电子地图的基本操作

该系统能够实现视图的放大、缩小、平移，标注近 3 000 家主要零售网点位置，通过鼠标交互测量计算距离和面积，查询地理对象的属性信息。该系统信息量丰富，标注细致，例如，街道宽窄是按比例绘制，街道门牌号可以自动显示。同时，系统信息能够及时更新，维护管理到位。

2. 分析零售网络

该系统能够查询零售网点之间最短路径，计算经济距离，查找最近设施，分析辐射区域。例如，可在电子地图上自动求出任意两点间的最短经济距离，自动求出两点间所经过的街道名称和送货先后顺序，便于科学规划配送路线。

3. 维护地理信息

该系统可以维护基础地理信息和专题信息，如设置修改驾驶员信息（包括姓名、编号、待命状态、送货区域等）、车辆信息（包括车型、车牌号、编号、容载量、车龄、待命状态等）。

4. 设置交通道路信息

该系统能够设置从物流中心到各零售网点的道路情况，主要设置路线编号、派车时间、各街道距离（精确到 1 m）、始发点、终端点等。

5. 设置零售网点信息

该系统能够设置零售网点序号、名称、客户级别、联系方式等数据。

一、GIS 概述

1. 地理信息的概念

地理信息是指地理空间分布的有关信息，它是表示地表物体和环境固有的数量、质量、分布特征、联系和规律的数字、文字、图形、图像等的总称。地理信息应用范围十分广泛，涉及经济、社会、军事等多个领域。电子地图、卫星导航、遥感影像都属于地理信息产业链，并在社会生活中发挥着日益重要的作用。

2. GIS 的概念

GIS 是由计算机软件硬件环境、地理空间数据、系统维护和使用人员等组成的空间信息系统，它可以对整个或部分地球表层（包括大气层）空间中有关地理分布的数据进行采集、储存、管理、运算、分析、显示和描述。

随着计算机技术的日益发展和普及，GIS 以及在此基础上发展起来的“数字地球”“数字城市”在人们的生产和生活中起着越来越重要的作用。

3. GIS 的特点

GIS 具有公共的地理定位基础，所有的地理要素要按经、纬度或者特有的坐标系统进行严格的空间定位，才能将具有时序性、多维性、区域性特征的空间要素进行复合和分解，将隐含在其中的信息显示表达，形成空间和时间上连续分布的综合信息基础，支持空间问题的处理与决策。

GIS 由计算机系统支持进行地理空间数据管理，并由计算机程序模拟常规或专门的地理分析方法，作用于空间数据，产生有用的信息。

GIS 在形式上表现为计算机软硬件系统，其内涵却是由计算机程序和地理数据组成的地理空间信息模型。信息流动及流动结果完全由计算机程序的运行和数据的交换来仿真。

二、GIS 的构成

1. 硬件

目前的 GIS 软件可以在很多类型的硬件上运行，包括服务器、桌面计算机等。一个典型的 GIS 硬件系统除计算机外，还包括数字化仪、扫描仪、绘图仪、磁带机等外部设备，如图 3-1 所示。

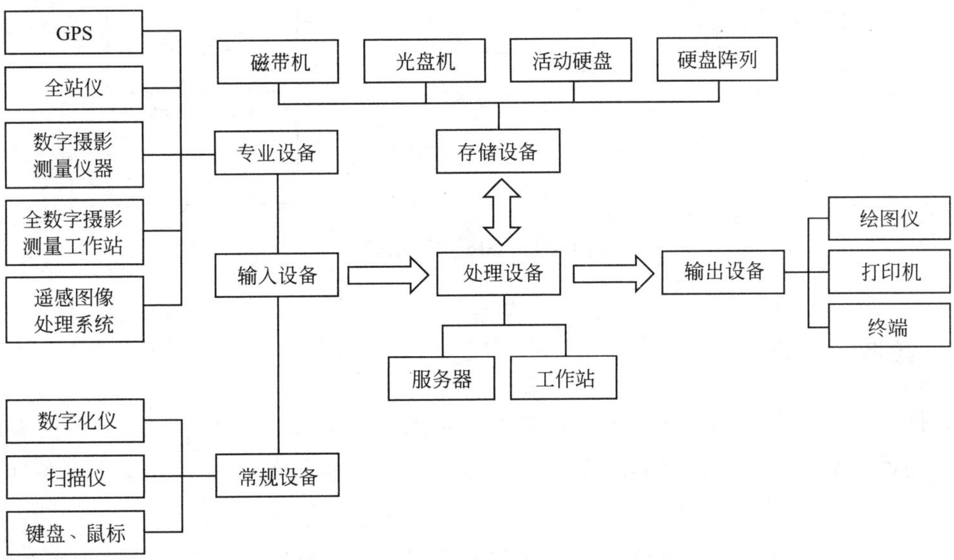

图 3-1　GIS 硬件系统

2. 软件

GIS 软件系统主要包括 GIS 软件、基础软件和计算机系统软件三部分，如图 3-2 所示。其中，GIS 软件的主要功能是存储、分析和显示地理信息，主要包括 GIS 基本功能软件、GIS 应用软件，以及便于客户使用的图形用户界面。GIS 软件的选型直接影响其他软件的选择，影响系统解决方案，也影响着系统建设的周期和效益。

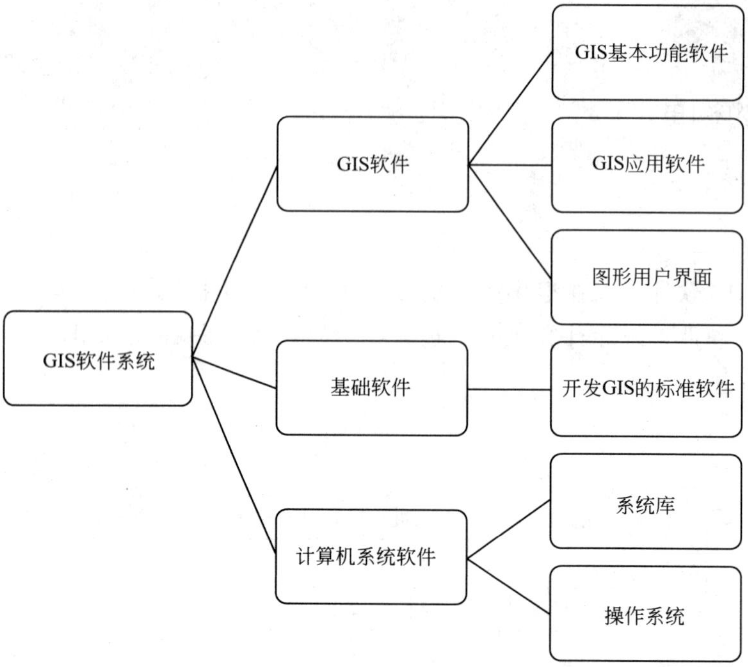

图 3-2　GIS 软件系统

3. 数据

数据是 GIS 最基础的组成部分，也是 GIS 的灵魂和生命。数据组织和处理是 GIS 建设中的关键环节。空间数据是 GIS 的操作对象，是现实世界经过模型抽象得到的实质性内容。

一个 GIS 必须建立在准确合理的地理数据基础之上。数据包括空间数据和属性数据。空间数据表现了地理空间实体的位置、大小、形状、方向以及几何拓扑关系。

4. 人员

人员是 GIS 中重要的构成要素。GIS 不同于一幅地图，它是一个动态的地理模型，仅有系统软硬件和数据不能构成完整的 GIS，还需要人工进行系统组织、管理、维护、更新、扩充完善以及应用程序开发，并采用空间分析模型提取多种信息。因此，人员的因素是 GIS 应用的关键。这些人员既包括设计、开发和维护 GIS 的技术专家，也包括那些使用该系统并解决专业领域任务的专业技术人员。

一个完整的 GIS 运行团队应由项目负责人、信息技术专家、应用专业领域技术专家、若干程序员和 GIS 操作员组成。

5. 方法

GIS 的方法主要是指空间信息的综合分析方法，即常说的应用模型。它代表了在对专业领域的具体对象与过程进行大量研究的基础上总结出的规律。GIS 应用就是利用这些模型对大量空间数据进行综合分析，解决实际问题。

三、GIS 的类型

GIS 依据其内容、功能和作用不同，可分为工具型 GIS 和应用型 GIS 两种类型。

1. 工具型 GIS

工具型 GIS 也称 GIS 开发平台，它是具有 GIS 基本功能，供其他系统调用或用户进行二次开发的操作平台。用 GIS 技术解决实际问题时，有大量软件开发任务，如果用户重复开发，是对人力、财力很大的浪费。工具型 GIS 为 GIS 的使用者提供一种技术支持，使用户能借助 GIS 工具中的功能直接完成应用任务，或者利用工具型 GIS 加上专题模型完成应用任务。目前国外已有很多商品化的工具型 GIS，如 ARC/INFO、GenaMAP、MapInfo 等。国内近几年正在迅速开发工具型 GIS，并取得了很大的成绩，已开发出 MapGIS、Geostar、Citystar 等。

2. 应用型 GIS

应用型 GIS 是根据用户的需求和应用目的而设计的一种解决一类或多类实际应用问题的 GIS。它可以在比较成熟的工具型 GIS 基础上进行二次开发完成。工具型 GIS 是建立应用型 GIS 的一条捷径。

应用型 GIS 也可以是为某专业部门专门设计研制的，这样的系统针对性明确，专业性强，系统开销小。应用型 GIS 按研究对象性质和内容不同又可分为专题 GIS 和区域 GIS。

专题 GIS 是具备有限目标和专业特点的 GIS，为特定的专门领域服务。如水资源管理信息系统、农作物估产信息系统、土地利用信息系统、城市管网系统、通信网络管理系统、城市规划系统等。

区域 GIS 主要以区域综合研究和全面信息服务为目标，可以有不同的规模，如为各个不同级别行政区服务的区域信息系统，以及以自然分区或流域为单位的区域信息系统。

【知识链接】

Web 地图

Web 地图是地理信息的交互显示，是一种应用型 GIS，可在计算机和移动设备中打开，能够帮助用户根据特定情况解决地理问题，如寻找限定区域内的商店。近年来，谷歌地图、百度地图、高德地图等地图应用发展非常迅猛，其中一部分还公布了 Web 服务应用程序编程接口，使用户能够创建自定义的应用。这些工具包一般提供街道地图、卫星图像、地理编码、搜索和路由的功能。

四、GIS 在物流中的应用

1. 车辆跟踪、定位与导航

将 GIS 与 GPS、电子地图相结合，可以实时显示出车辆的实际位置及状态，为车辆提供导航服务，以便进行合理的调度与管理。在紧急状况下，利用显示设备能够在电子地图上显示设计路线，同时显示车辆的运行路线和运行方法，找出可替代的行车路线，使目标车辆能够在适当的时间内安全到达目的地。

2. 客户地理信息定位

使用 GIS 可以对城市或地区建立电子地图，准确地反映出街道、建筑的信息。由于电子地图已具有地理坐标，通过对地理坐标的描述，可以在地图上对新客户进行地理位置的定位或修改老客户的地理位置，从而使物流企业能精确地确定配送点和客户的位置。

3. 物流中心选址

在物流行业中，仓库、超市、配送中心的合理选址非常重要。使用相关的 GIS 软件，结合相应的空间和属性数据，如一个地区的人口数量、人均收入、年龄分布、行车数量等，经过综合分析可以得到仓库或配送中心的最佳位置。

4. 物流网络布局和运输路线的模拟与决策

例如，可以利用客户、车辆、订单和地理数据等建立模型来模拟物流网络的布局，根据实际的需求分布，规划出运输路线，同时还可以利用 GIS 的网络分析模型优化具体的运行路线，使成本最小化，并以此建立决策支持系统，提供更有效而直观的决策数据。

【知识链接】

移动 GIS

随着计算机技术的迅速发展，GIS 更加侧重于可运行性、分布性、开放性、网络化和全球性。随着 GIS 技术的迅速发展，移动 GIS、三维 GIS、组件式 GIS、WebGIS、

CyberGIS、物联网和数字地球等逐渐成为热点。

随着无线移动位置服务技术的迅猛发展，人们正享受着越来越多的移动 GIS 服务。移动 GIS 包括移动终端设备、无线通信网络、地理应用服务器及空间数据库等。移动终端设备是一种便携、功能简单，适合地理应用，并且可以用来快速、精确定位和识别的设备。无线通信网络是联结用户终端和服务器的纽带，它将用户的需求传输给地理信息应用服务器，再将服务器的分析结果传输给用户终端。地理应用服务器是整个系统的关键部分，也是系统的 GIS 引擎。它位于固定场所，为移动 GIS 用户提供大范围的地理服务、潜在的空间分析和查询操作服务。空间数据库用于组织和存储与地理位置有关的空间数据及相应的属性描述信息，移动空间数据库是移动 GIS 的数据存储中心，并且能对数据进行管理，为移动应用提供各种空间位置数据，是地理应用服务器实现地理信息服务的数据来源。

【技能训练 5】

电子地图应用

1. 训练目标

了解 GIS 在物流领域中的主要应用，熟悉电子地图的基本功能模块和作用，能够用电子地图找出目标的地理位置和最优交通路线。

2. 训练准备

教师准备实训任务书、实训设备和网络环境，对学生进行分组，以 5～7 人为一组，设组长 1 名。

3. 训练任务

熟悉百度地图基本功能模块，利用百度地图查询本地 3 家企业地址，并选择由学校到达这 3 家企业的最佳路线。

操作完毕后，撰写实训报告，制作 PPT 并汇报。实训报告要有训练目标、时间、地点、内容、总结及教师评语等内容。

4. 操作步骤

(1) 查询地址

在计算机浏览器中输入百度地图网址“http://map.baidu.com”，进入百度地图初始页面，如图 3-3 所示。

在搜索框中输入要查询的企业名称（如江南环球港），完成企业地址的查询，点击地址旁的“摄像头”图标查看实景，观察企业地址是否正确，如图 3-4 所示。

(2) 选择最佳路线

在上一步的查询结果页面中选择“到这去”，输入起点地址，挑选出行方式（如驾车），系统会显示推荐路线，如图 3-5 所示。结合对时间、距离、交通方式等因素的考虑，选择最佳路线。

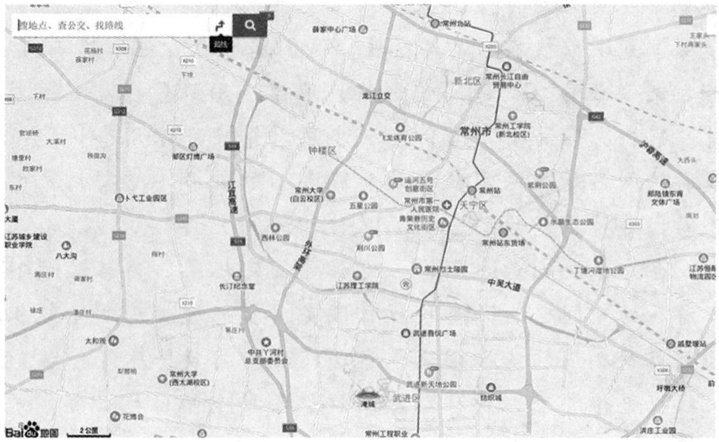

图 3-3　百度地图初始页面

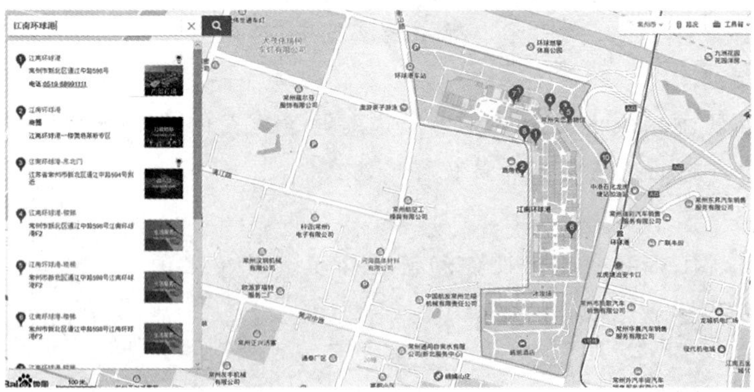

图 3-4　查询地址

图 3-5　查询路线

(3) 其他功能操作

根据训练任务，进行电子地图的放大、缩小、平移，以及地点标记、距离测量等操作。

按照如上步骤，完成另外两家企业地址和最佳路线的查询，可考虑选择不同的出行方式来查询路线。

5. 训练评价

完成训练后，填写技能训练评价表（见表 3-1）。

表 3-1　　技能训练评价表

专业		班级			姓名	
实训时间		实训地点				
实训项目	电子地图应用					
序号	评价内容	分值	小组评分（50%）	教师评分（50%）	单项总分	
1	正确描述 GIS 在物流领域中的主要应用	10				
2	正确使用百度地图查询到目标的地理位置	20				
3	正确使用百度地图找到最优交通路线	20				
4	正确完成百度地图的其他功能操作	20				
5	遵守纪律，爱护设备，礼仪符合要求，团队合作好	5				
6	实训记录内容全面、真实、准确，实训报告撰写规范	15				
7	PPT 制作规范，汇报语言清楚，概念表达正确	10				
合计		100				

指导教师评语：

第二节　全球定位系统

【引导案例】

基于GPS的物流车辆管理调度系统

物流车辆管理调度系统是集GPS、GIS及无线通信技术于一体的软硬件综合系统，可对移动车辆进行统一集中管理和实时监控调度指挥。系统主要由车载终端、无线数据链路和监控中心软件系统三部分组成，可实现以下功能：

1. 跟踪调度车辆

系统在车辆与系统用户之间建立起迅速、准确、有效的信息传递通道。用户可以随时掌握车辆状态，迅速下达调度命令。同时，系统可以根据需要控制车辆行程，还可以为车辆提供服务信息。

2. 合理调配运力资源

系统根据货物派送单的产生地点自动查询可供调用车辆，向用户推荐与目的地较近的车辆，同时，将派送单分配到距离客户位置最近的物流基地，保证客户订单快速、准确地得到处理。同时，系统可以快速为用户选择合理的物流路线，从而达到合理配置运力资源的目的。

3. 敏感区域监控

物流企业需要随时随地知道在各个区域内车辆的运行状况、任务的执行情况、任务安排情况，让所辖范围的运输状况一览无余。在运输过程中，有某些区域经常有货物丢失现象或发生运输事故。在运输车辆进入该区域后，可以给予车辆提示信息。

4. 意外事故报警

当在运输途中发生突发性事件时，司机可以按下紧急呼叫按钮向监控中心求助，中心接到报警后可以马上开启声音装置，监听车辆内情况，并根据车辆位置和其他相关信息给予援助。

5. 统一管理车辆信息

管理内容涵盖车辆的基本信息（如车牌号、车辆类型、吨位、颜色等）、保险信息、安全记录等。系统将对车辆的所有信息进行采集、录入，并向用户提供修改、删除及查询功能。

一、GPS 概述

1. 全球导航卫星系统

GPS 是由美国建设和控制的一组卫星所组成的，24 小时提供高精度的全球范围定位和导航信息的系统，它是全球导航卫星系统中的一种。

全球导航卫星系统（GNSS）是所有在轨工作的卫星导航系统的总称，它包括全球性和区域性的系统，如美国的 GPS、俄罗斯的 GLONASS、欧盟的伽利略卫星导航系统、中国的北斗卫星导航系统，以及相关的增强系统，如美国的广域增强系统（WAAS）、欧盟的欧洲静地导航重叠系统（EGNOS）和日本的多功能卫星星基增强系统（MSAS）等，还涵盖在建和以后要建设的其他卫星导航系统，如图 3-6 所示。

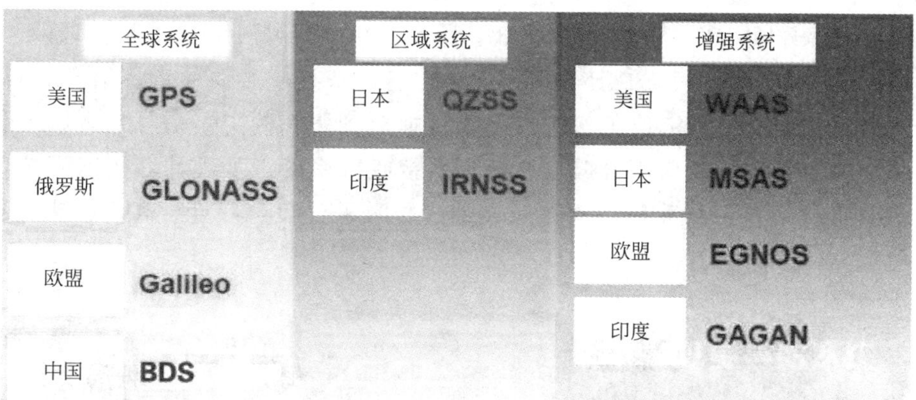

图 3-6　全球导航卫星系统

2. GPS 的构成

GPS 由 GPS 卫星（空间部分）、地面监控系统（地面监控部分）和 GPS 接收机（用户设备部分）三部分构成，如图 3-7 所示。

（1）空间部分

GPS 的空间部分由 21 颗工作卫星和 3 颗在轨备用卫星组成，它可保证系统在全球任何地方、任何恶劣的气候条件下，都能为用户提供 24 小时不间断的定位服务。

（2）地面监控部分

地面监控部分由 1 个主控站、3 个注入站和 5 个监控站组成。它们的作用主要是监测卫星工作情况，收集卫星传回的信息等。

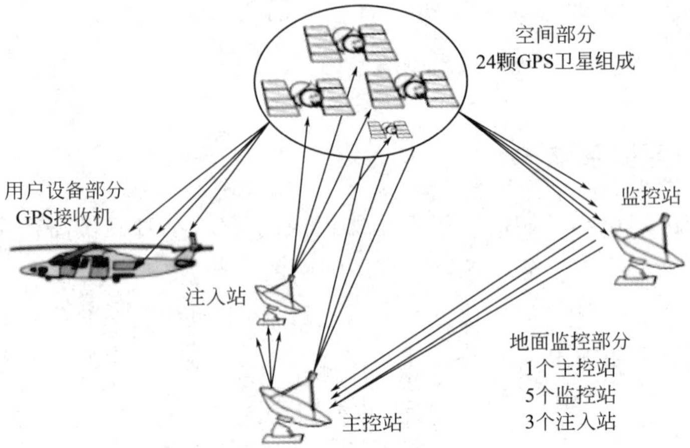

图 3-7　GPS 的构成

（3）用户设备部分

用户设备部分即 GPS 接收机，如图 3-8 所示。接收机硬件和机内软件以及 GPS 数据的后处理软件包构成完整的 GPS 用户设备。它用来接收必要的定位信息和观测量，并处理和解算数据以完成定位工作。当接收机捕获到跟踪的卫星信号后，就可测量并解调出卫星轨道参数等数据。根据这些数据，接收机中的微处理计算机就可按定位解算方法进行定位解算，从而得出用户所在地理位置的经度、纬度、高度、速度、时间等信息。

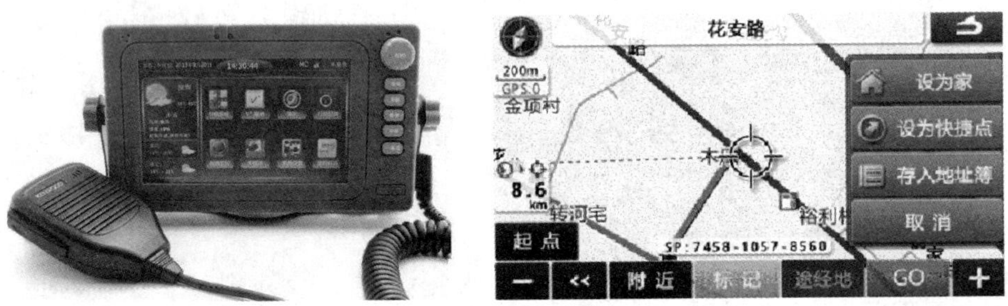

图 3-8　GPS 用户设备

二、网络 GPS（WebGPS）

网络 GPS 是把互联网技术与 GPS 技术相结合，在互联网页面上显示 GPS 动态信息，以实现实时监控和动态调度的功能。网络 GPS 同时融合了 GPS 技术、数字移动通信技术和互联网技术等多种先进技术。

1. 网络 GPS 的特点

网络 GPS 一方面利用互联网显示无地域限制的跟踪信息，另一方面又可通过设置不同权限做到信息的保密。网络 GPS 的特点主要有：

一是功能多、精度高、覆盖面广，在全球任何地方均可监控车辆位置，充分保证网络 GPS 所有用户的要求都能够得到满足。

二是定位速度快，使物流企业能够提高反应速度，降低车辆空驶率，降低运作成本，满足客户需要。

三是信息传输采用数字移动通信网络，具有保密性强、系统容量大、抗干扰能力强、漫游性能好、移动业务数据可靠等优点。

四是构建在互联网这一最大的网络公共平台上，具有开放度高、资源共享程度高等优点。

2. 网络 GPS 的作用

网络 GPS 在公共网络上建立起 GPS 监控平台，各物流企业及其客户可以按照自己的权限进入网络 GPS 监控界面，对车辆进行监控、调度、即时定位等多项操作，既实现了车辆实时动态信息的全程管理，又能够省却自己建设 GPS 监控中心和基站所需的大量经费、时间、人力。网络 GPS 综合了互联网与 GPS 的优势与特色，克服了原来使用 GPS 所无法克服的障碍。网络 GPS 降低了 GPS 的使用门槛，提高了 GPS 的普及率，从而使更多的物流企业从中受益。

3. 网络 GPS 的工作流程

车载单元即 GPS 接收机在接收到 GPS 卫星定位数据后，便自动计算出自身所处地理位置的坐标，再发送到数字移动通信网，通过网络将数据传输到物流信息系统监控平台上。处理器将收到的坐标数据及其他数据还原后，与 GIS 的电子地图相匹配，并在电子地图上直观地显示车辆实时坐标的准确位置。各网络 GPS 用户可用自己的权限上网进行自有车辆信息的收发、查询等工作，在电子地图上清楚而直观地掌握车辆的动态信息(如位置、状态、行驶速度等)。同时，用户还可以在车辆遇险或出现意外事故时进行种种必要的遥控操作。

三、GPS 在物流运输中的应用

GPS 在物流运输中的应用主要体现在 GPS 车辆导航监控管理系统上。GPS 车辆导航监控管理系统采用了 GPS 技术、移动通信技术、GIS 技术和计算机网络通信技术，它是在移动通信网络的基础上开发的一套社会综合防范和远程监控、通信、管理、调度系统。利用该监控系统，可以远程无线监控、调度所有在移动通信网络覆盖范围内的移动目标，如警用车辆、民用车辆等，如图 3-9 所示。

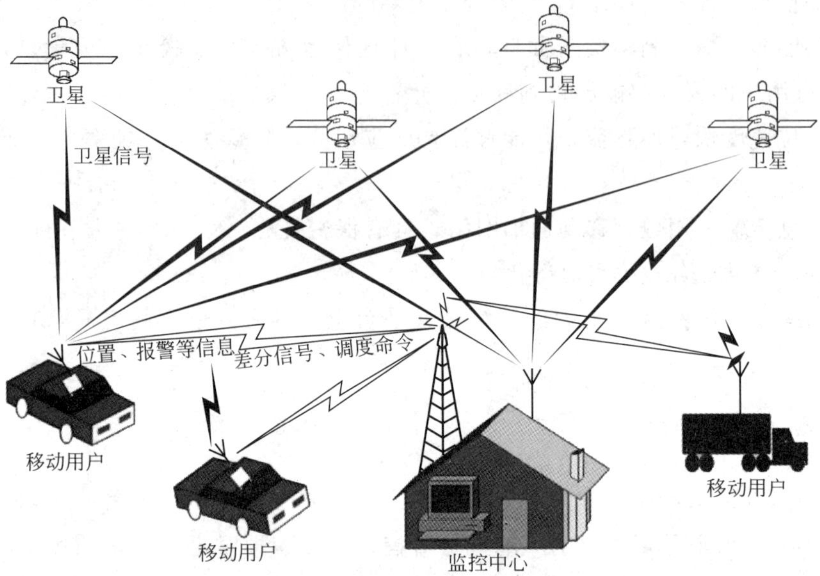

图 3-9　GPS 车辆导航监控管理系统

该系统主要由移动车辆的车载终端、监控中心、传递信号的移动通信网络和 GPS 系统组成，其主要作用是：进行车辆的定位导航、有效调度、安全管理、防盗监控管理，以及交管部门的交通管理等。

采用该系统可以有效利用现有道路设施，减少拥挤，便于集中管理调度，为驾驶员提供足够的交通、服务、公共安全等信息，特别是动态交通信息，还可进行特殊车辆的不间断跟踪监控和重要车辆的安全报警等。

【技能训练 6】

GPS 车辆监控系统软件应用

1. 训练目标

熟悉 GPS 车辆监控系统软件的基本功能模块和作用，掌握软件的基本操作方法。

2. 训练准备

教师准备实训任务书、沃天 GPS/GIS 监控调度平台（包括软件系统、GPS 车载设备、移动通信模块等）和网络环境，对学生进行分组，以 5 人为一组，设组长 1 名。

3. 训练任务

使用沃天 GPS 车辆监控系统进行车辆监控、车辆调度管理，具体包括地图操作、车辆监控和查询统计等常用功能。

操作完毕后，撰写实训报告，制作 PPT 并汇报。实训报告要有训练目标、时间、地点、内容、总结及教师评语等内容。

4. 操作步骤

(1) 在系统登录对话框中输入用户名和密码，登录 GPS 车辆监控系统，如图 3-10 所示。

图 3-10　登录系统

(2) 在搜索栏输入车牌号码，找到需要查询的车辆，双击查询车辆基本信息及车辆实时状况，如图 3-11 所示。

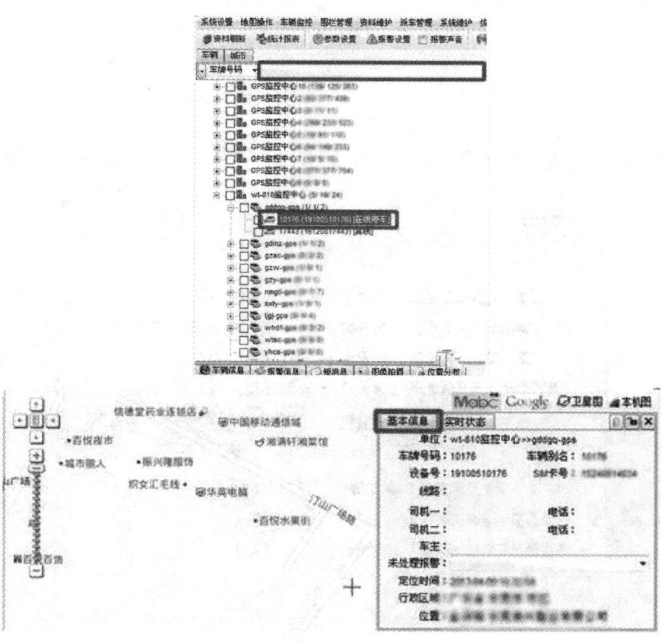

图 3-11　查询车辆信息

(3) 右键单击车辆图标，在弹出的菜单中选择“轨迹回放”，打开轨迹回放面板，单击“查询”，查询车辆的轨迹回放信息，如图 3-12 所示。

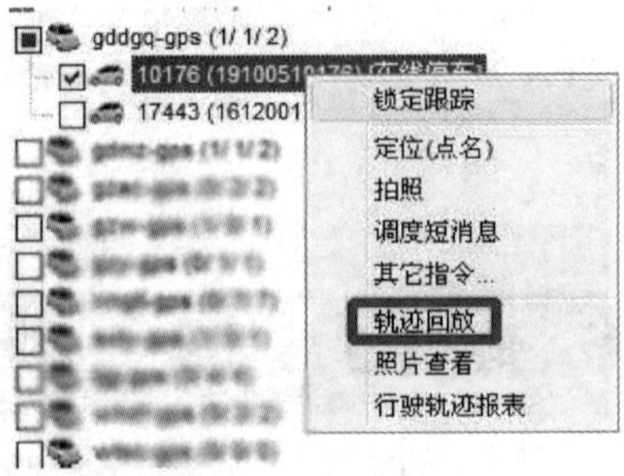

图 3-12　轨迹回放

(4) 在系统主菜单中点击“系统设置”，弹出菜单，分别为参数设置、报警设置、修改密码、调整字段顺序、资料刷新，如图 3-13 所示。

图 3-13　系统设置

参数设置：设置车辆图标的显示状态及颜色、字体等，如图 3-14 所示。

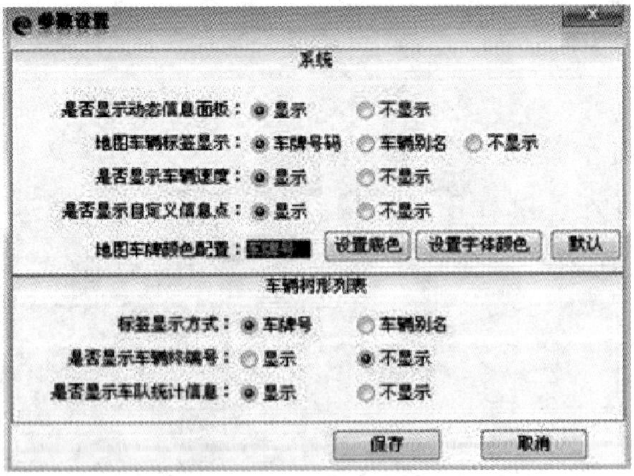

图 3-14　参数设置

报警设置：设置各种报警处理方式、提示声音、重复次数、播放间隔等，如图 3-15 所示。

图 3-15　报警设置

修改密码：修改当前登录用户的密码，如图 3-16 所示。

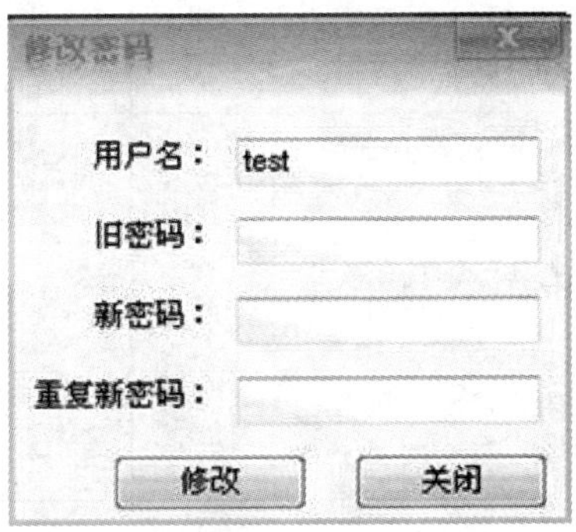

图 3-16　修改密码

调整字段顺序：调整监控栏的排列顺序，如图 3-17 所示。

资料刷新：当录入新的车辆资料时，需要点击它来更新当前登录用户的实时资料。

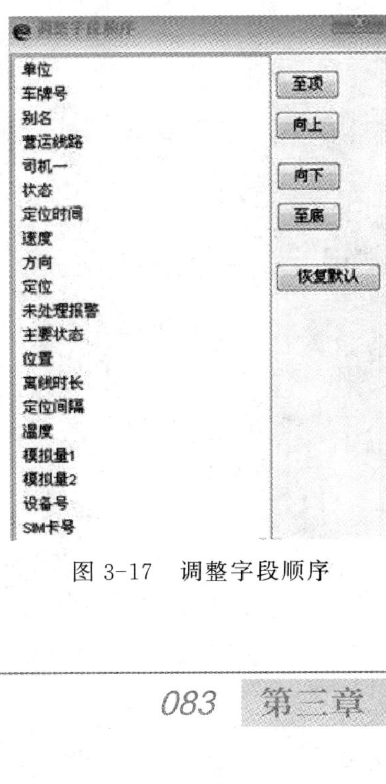

图 3-17　调整字段顺序

5. 训练评价

完成训练后，填写技能训练评价表（见表 3-2）。

表 3-2　　技能训练评价表

专业		班级		姓名	
实训时间		实训地点			
实训项目	GPS 车辆监控系统软件应用				
序号	评价内容	分值	小组评分（50%）	教师评分（50%）	单项总分
1	正确描述 GPS 在货物运输系统中的应用	20			
2	正确使用 GPS 车辆监控系统软件查询汽车的实际情况及配置数据信息	50			
3	遵守纪律，爱护设备，礼仪符合要求，团队合作好	5			
4	实训记录内容全面、真实、准确，实训报告撰写规范	15			
5	PPT 制作规范，汇报语言清楚，概念表达正确	10			
合计		100			
指导教师评语：					

思考练习题

1. GIS 有哪些特点？
2. GIS 主要由哪几部分构成？
3. GIS 的主要功能有哪些？
4. 简述 GIS 在物流中的应用。
5. 简述 GPS 的构成。
6. 简述网络 GPS 的工作流程。

第四章　物流自动化技术

物流自动化技术是指在运输、装卸、包装、分拣等物流作业过程中，通过采用自动控制、自动调整装置，实现物流设备和设施自动运行的技术，它包括硬件、软件和系统三个部分。物流自动化硬件包括条码自动识别设施、自动导向设施和自动化立体仓库等，物流自动化软件即控制物流设施设备自动运行的各种软件，物流自动化系统包括自动识别系统、自动入库系统、自动检测系统、自动分拣系统、自动存取系统、自动跟踪系统等。物流自动化与信息技术密不可分，在物流自动化系统中，需要进行大量的信息获取、转换、显示、传递、处理和执行工作。物流自动化技术可以节省人力、降低成本，可以快速、精准、可靠地完成各项物流作业，使物流作业更加合理、高效，因此有着非常广阔的发展前景。

第一节　自动化立体仓库

【引导案例】

揭秘菜鸟联盟自动化仓库

2017 年，菜鸟联盟建成了首个仓库，专门为天猫超市提供仓储和分拣服务。该仓库从收到订单到包裹出库，除了条码复核等环节外均实现了自动化。

用户在天猫超市下单之后，仓库会收到订单并生成唯一条码。纸箱被机器贴上条码之后，将会被输送带运送到不同商品品类的货架，货架电子屏会显示需要装入的商品和数量，分拣员据此将商品放入纸箱，纸箱接着再进入下一个环节。所有商品装好之后，纸箱到达收银台进行人工复核和封装出库，再运送给消费者。通过采用物流自动化技术，该仓库从收到订单到包裹出库，平均只要 10 分钟，用时远远少于传统仓库。该仓库的主要特点有：

1. 自动识别包裹，实现货找人

输送带上每隔一段距离就有一个传感器，可识别纸箱上的条码，并决定纸箱下一步的去向。系统支持包裹传输路线合并和分流，一个订单对应的包裹会被传输到不同货架以装入商品，而传统仓库是由分拣员拿着纸箱去不同货架前寻找商品。自动化技术大幅降低了分拣员的劳动强度，提高了包裹生成的时效性和准确率。

2. 自动封装

该仓库通过采用自动封箱机实现了纸箱打开、贴码、封装等步骤的自动化，节省了大量人力，缩短了商品打包时间。

3. 智能选择适合的纸箱

一个订单对应的商品数量和种类不同，意味着它需要不同大小的纸箱，一般仓库是由人根据经验来选择，效率低且很可能会浪费大纸箱。而该仓库在不同商品入库之前就知道其尺寸和特性，并基于此自动为一个订单分配最适合的纸箱，从而节省包装成本，并更加环保。

4. 智能调度商品库存

结合大数据，该仓库可预测哪些商品即将畅销和不再畅销，进而对其存放的仓库和货架进行智能调度，从而最大程度减少商品物流节点，缩短商品传送路径，提升仓储和运输效率。

一、AS/RS 的概念

自动化立体仓库（AS/RS）是一种可对集装单元物品实现机械化自动存取和控制作业的仓库。这种仓库按照集成化物流理念，采用先进的控制、总线、通信和信息技术，通过自动化设备的协调运转，按照用户的需要完成指定货物自动有序、快速准确的入库出库作业。

二、AS/RS 的构成

AS/RS 主要由货架、托盘（货箱）、巷道堆垛起重机、输送机系统、AGV（自动导引车）系统、自动控制系统和计算机仓库管理系统等构成。

货架是由立柱、隔板或横梁等组成的立体储存物品的设施，主要有焊接式货架和组合式货架两种基本形式。

托盘（货箱）是用于承载货物的器具。

巷道堆垛起重机是用于自动存取货物的设备，按结构形式不同分为单立柱和双立柱两种基本形式，按服务方式不同分为直道、弯道和转移车三种基本形式。

输送机系统是立体仓库的主要外围设备，负责将货物运送到堆垛机或从堆垛机移走。输送机种类非常多，常见的有辊道输送机、链式输送机、升降机、分配车、提升机、皮带机等。

AGV 系统按照导向方式不同分为感应式导引车系统和激光导引车系统。

自动控制系统是驱动 AS/RS 各设备的控制系统，目前以采用现场总线方式的控制模式为主。

计算机仓库管理系统是 AS/RS 的核心。目前典型的 AS/RS 均采用大型的数据库系统（如 Oracle、Sybase 等）构建典型的客户-服务器体系，可以与其他系统（如 ERP 系统等）联网或集成。

三、AS/RS 的主要特点

1. 主要优点

采用高层货架和巷道堆垛起重机可大幅增加仓库的有效高度，充分利用仓库的有效面积和储存空间，使货物储存集中化、立体化，减少占地面积，降低土地购置费用。AS/RS 将货物集中储存，便于进行科学管理，也便于进行温度和湿度控制。

AS/RS 可以实现仓库作业的机械化和自动化，能大大提高工作效率。

AS/RS 利用计算机进行控制和管理，各项作业和信息处理迅速、准确、及时，可加速货物周转，降低储存费用，并有利于应用现代科学技术和现代化管理方法。

2. 主要缺点

AS/RS 的仓库结构复杂，配套设备多，需要大量的基建和设备投资。货架安装要求精度高，施工比较困难，施工周期长。由于高层货架是利用标准货格进行单元式储存的，所以储存货物的种类有一定的局限性。

计算机控制系统是仓库的“神经中枢”，一旦出现故障，将会使整个仓库处于瘫痪状态，收发作业就会中断。

AS/RS 实行自动控制与管理，技术性比较强，对工作人员的素质要求比较高。只有具有一定技术能力和专业知识，并经过专门培训的人员才能胜任。

四、AS/RS 的类型

不同的 AS/RS，其高度、货架形式、通道宽度都和普通仓库不同。

1. 按仓库高度不同分类

（1）低层立体仓库

低层立体仓库高度在 5 m 以下，主要是在原有普通仓库的基础上改建而成的，可提高原有仓库的技术水平。

（2）中层立体仓库

中层立体仓库的高度在 5～15 m 之间，由于中层立体仓库对建筑及仓储机械设备的要求不高，造价合理，所以是目前应用最多的一种仓库。

（3）高层立体仓库

高层立体仓库的高度在 15 m 以上，由于对建筑及仓储机械设备的要求很高，安装难度大，因此应用较少。

2. 按货架结构不同分类

（1）单元货格式立体仓库

单元货格式立体仓库应用较为普遍，它的特点是每一层货架都由同一尺寸的货格组成，货格开口面向货架之间的通道，堆垛机械在货架之间的通道内行驶，以完成货物的存取。

（2）贯通式立体仓库

贯通式立体仓库又称为流动式货架仓库，其货架之间没有间隔，不设通道，货架组合成一个整体。货架纵向贯通，贯通的通道具有一定的坡度，每一层货架底部安装有滑道、辊道等装置。货物在自重的作用下，可沿着滑道或辊道从高处向低处运动。

（3）自动化柜式立体仓库

自动化柜式立体仓库是小型、可移动的封闭式立体仓库，由柜外壳、控制装置、操作盘、储物箱和传动装置组成，其主要特点是小型化、智能化、封闭性强，有很强的保密性。

（4）条形货架式立体仓库

条形货架式立体仓库是专门用于存放条形或筒形货物的立体仓库。

五、AS/RS 的计算机仓库管理系统

AS/RS 的计算机仓库管理系统包括仓库管理系统（WMS）和仓库控制系统（WCS）两个子系统。

1. 仓库管理系统

仓库管理系统运用条码识别技术，提高了货物出入库管理水平，为提高企业生产效率提供了保障，使仓库管理更加正规化，减少了库存资金占用，提高了仓库利用率，降低了库存损耗，为提高企业生产经营效益奠定了良好基础。

(1) 出入库管理

出入库管理主要包括录入货物入库（采购）信息和出库（领料）信息，自动处理台账，与 ERP 进行数据交换，向仓库控制系统下达作业命令，处理退货等。

(2) 货物移动管理

货物移动管理包括相同逻辑库中的货位移动和不同逻辑库之间的移库操作。不同逻辑库之间的移库操作要走货物交易流程。

(3) 数据查询管理

系统可对所有货位进行编码，为库存所有货物建立档案，记录所有货物的相关信息，如名称、编号、价格、出入库时间、经手人、库位等，以便随时查看货物当前状态和历史记录。在此基础上，系统可进行方便的数据查询。

数据查询具体包括库存查询、货位查询、作业流水查询、作业查询等。库存查询包括按货物属性查询、按货位地址查询等，货位查询包括空货位查询、空托盘查询、货位状态统计等，作业流水查询包括入库作业流水查询、出库作业流水查询，作业查询包括作业状态查询、入库作业数据查询和出库作业数据查询。

(4) 报表管理

报表管理包括出入库统计报表、库存和货架明细统计表等报表的生成、维护和打印，系统可按货物编号、入库时间、操作者和巷道号等项目分别进行统计，并按指定条件列出或打印库存明细表和货架明细表。

(5) 库存维护

库存维护包括盘库、生成盘库差异表、盘库调账处理等，系统可按时间、存储区域、问题货位、货物分类、货物品种等进行盘库，并进行相应处理。

(6) 与 ERP 系统交换数据

为了保证仓库管理系统与 ERP 系统的一致性，仓库管理系统要与 ERP 系统交换数据。仓库管理系统要从 ERP 系统获取系统基础数据，包括库存信息、货位信息、供应商代码、计量单位、拒收原因、用户名及密码、货物信息、员工信息等，还要下载采购订单信息、领料票信息、移库申请信息等，同时还要向 ERP 系统上传实际入库数据、实际出库数据、盘库差异表等信息。

2. 仓库控制系统

仓库控制系统是 AS/RS 实现仓储作业自动化、智能化的核心，它负责管理仓储物流信息系统的作业队列，把作业队列解析为自动化仓储设备的指令队列，并根据设备运行状态指挥协调设备运行，监控自动化仓储设备的运行状况。

仓库控制系统一般包括作业管理、作业跟踪、自动联机入库、设备监控、设备组态、设备管理等几个功能模块。

【技能训练 7】

AS/RS 出入库作业

1. 训练目标

了解 AS/RS 的主要构成和特点，熟悉常用的 AS/RS 设备，掌握 AS/RS 出入库作业操作流程。

2. 训练准备

教师准备实训任务书、实训设备（包括全自动堆垛机、计算机、条码识读设备、托盘、物流盒、条码打印机等）、“组态王”软件，对学生进行分组，以 5～7 人为一组，设组长 1 名、仓库管理员 1 名、理货员 1 名、入库操作员 1 名、出库操作员 1 名。

3. 训练任务

利用第三方物流软件和堆垛机控制程序，实现全自动堆垛机入库作业和出库作业。任务对应的入库货品单和出库货品单分别见表 4-1 和表 4-2。

表 4-1　　入库货品单

序号	品名	数量	条码
1	农夫山泉饮用天然水	2 瓶	6956437859
2	康师傅红烧牛肉面	3 桶	6934566785
3	康师傅茉莉清茶饮料	5 瓶	6955678909

表 4-2　　出库货品单

序号	品名	数量	条码
1	康师傅红烧牛肉面	3 桶	6934566785
2	农夫山泉饮用天然水	2 瓶	6956437859
3	康师傅茉莉清茶饮料	5 瓶	6955678909

操作完毕后，撰写实训报告，制作 PPT 并汇报。实训报告要有训练目标、时间、地点、内容、总结及教师评语等内容。

4. 操作步骤

(1) 理货员将待入库商品按入库商品类目进行整理。

(2) 入库操作员将全自动堆垛机复位。

(3) 理货员将商品分类后，仓库管理员用“组态王”软件录入商品入库信息，并为该单商品安排入库货位。

(4) 入库操作员将需入库商品重新整理并贴上条码，放在入库输送带上。

(5) 入库操作员向堆垛机发出入库堆垛命令，堆垛机自动将入库输送带上的商品送到指定货位。

(6) 出库操作员向仓库管理员发送出库单，仓库管理员根据出库单从在库商品中安排出库。

(7) 出库操作员在出库输送带分拣道口接收出库货物，并准备传入下一个操作流程。

5. 训练评价

完成训练后，填写技能训练评价表（见表 4-3）。

表 4-3　　技能训练评价表

专业		班级			姓名	
实训时间		实训地点				
实训项目	AS/RS 出入库作业					
序号	评价内容	分值	小组评分（50%）	教师评分（50%）	单项总分	
1	正确表述 AS/RS 的主要构成和特点	20				
2	按要求正确完成 AS/RS 入库作业操作	25				
3	按要求正确完成 AS/RS 出库作业操作	25				
4	遵守纪律，爱护设备，礼仪符合要求，团队合作好	5				
5	实训记录内容全面、真实、准确，实训报告撰写规范	15				
6	PPT 制作规范，汇报语言清楚，概念表达正确	10				
合计		100				

指导教师评语：

第二节　自动导引车

【引导案例】

AGV 在汽车行业中的应用

汽车行业是 AGV（自动导引车）应用率较高的行业。目前，世界汽车行业对 AGV 的需求非常旺盛。在我国，AGV 最早应用于汽车行业是在 1992 年。为了提高自动化水平，减少人力，降低成本，近年来，我国已有许多汽车制造企业应用了 AGV 技术，如上汽通用汽车有限公司等。

AGV在汽车行业的应用主要体现在发动机、后桥、变速箱、底盘等部件的自动化柔性装配，以及零部件的物料上线作业等方面。由于主机厂的装配车间一般都非常大，常常需要大量的远距离物料搬运，因此AGV在代替叉车和拖车搬运物料方面大有用武之地，并能够实现批量替代的规模效益。

一、AGV的概念

AGV是指具有自动导引装置，能够沿设定的路径行驶，在车体上具有编程和停车选择装置、安全保护装置，并具有各种物料移载功能的搬运车辆。AGV的基本功能是导向行驶、认址停准和移交载荷。

多台AGV在控制系统的统一指挥下，组成一个柔性化的自动搬运系统，就称为自动导引车系统（AGVS）。

二、AGV的构成

AGV一般由车载控制系统、车体系统、行走系统、移载系统、安全与辅助系统、控制台、通信系统、导引系统等部分构成。

1. 车载控制系统

车载控制系统是AGV的核心部分，一般由计算机控制系统、操作面板及电机驱动器构成。计算机控制系统可采用可编程逻辑控制器（PLC）、单片机及工控机等。操作面板的功能主要是在AGV调试时输入指令，并显示有关信息。AGV的能源为蓄电池，所以AGV的动作执行元件一般采用直流电动机、步进电动机和直流伺服电动机等。

2. 车体系统

车体系统包括底盘、车架、壳体、控制器、蓄电池安装架等，是AGV的躯体，具有电动车辆的结构特征。

3. 行走系统

行走系统一般由驱动轮、从动轮和转向机构组成，有三轮、四轮、六轮及多轮等结构形式。三轮结构一般采用前轮转向和驱动，四轮或六轮一般采用双轮驱动、差速驱动转向或独立转向方式。

4. 移载系统

移载系统主要用来承载物料，实现物料的转移。在不同的任务和场地环境下，可以选用不同的移载系统，常用的有辊道式移载系统、叉车式移载系统、机械手式移载系统等。

5. 安全与辅助系统

为了避免 AGV 在系统出现故障或有人员经过 AGV 行驶路径时出现碰撞，AGV 一般都带有障碍物探测及防撞、声光报警、紧急停止等装置。另外，还有自动充电等辅助装置。

6. 控制台

控制台可以采用普通的计算机，在条件恶劣时也可采用工业控制计算机。控制台通过计算机网络接收主控计算机下达的运输任务，通过无线通信系统实时采集各 AGV 的状态信息。根据需求情况和当前各 AGV 运行情况，将调度命令传递给选定的 AGV。AGV 完成一次运输任务后在待命点等待下次任务。如何高效、快速地进行多任务和多 AGV 的调度，以及解决复杂地形条件下的防撞等一系列问题都需要由软件来完成。由于整个系统中各种智能设备都有各自的属性，因此用面向对象设计的 C＋＋语言来编程是一个很好的选择。AGV 系统的实时性较强，为了加快控制台和 AGV 之间的无线通信以及在此基础上的 AGV 调度，编程中常采用多线程的模式，使通信和调度等各功能模块互不影响，以加快系统速度。

7. 通信系统

通信系统一方面接收监控系统的命令，并将其及时、准确地传输给相应的子系统，完成监控系统所指定的动作；另一方面又接收各子系统的反馈信息，回送给监控系统，作为监控系统协调、管理、控制的依据。通信系统是 AGV 和控制台之间交换信息和命令的桥梁，由于无线电通信具有不受障碍物阻挡的特点，因此一般在控制台和 AGV 之间采用无线电通信的方式。而在 AGV 和移载设备之间，为了实现精确定位，常采用光通信的方式。

8. 导引系统

导引系统的作用是对 AGV 进行导航和导引。导航是指使 AGV 在运行区域中确定位置及航向，导引是指使 AGV 按规定路径实现自动行驶。导引系统能使 AGV 确定其自身位置，沿正确的路径行走，并保证一定的行走精度。AGV 可采取电磁导引、磁带导引、光学导引、坐标导引等导引方式，以及激光导航、惯性导航、视觉导航、GPS

导航等导航方式。

AGV 的导引方式还可分为固定路径导引和自由路径导引。固定路径导引是指在事先规划好的行驶路径上设置导引用的信息媒介物（如导线、磁带等），通过 AGV 上的导向探测器检测导向信息（如频率、磁场强度、光强度等），以控制车辆沿规定路径运行的导引方式。自由路径导引是指事先不设置固定的行驶路径，而是在 AGV 控制系统上预先设定行驶区域的坐标信息，在车辆运行时实时检测实际的车辆位置坐标，并自动控制其按选择的行驶路径运行的导引方式。

常见的 AGV 硬件组成如图 4-1 所示。

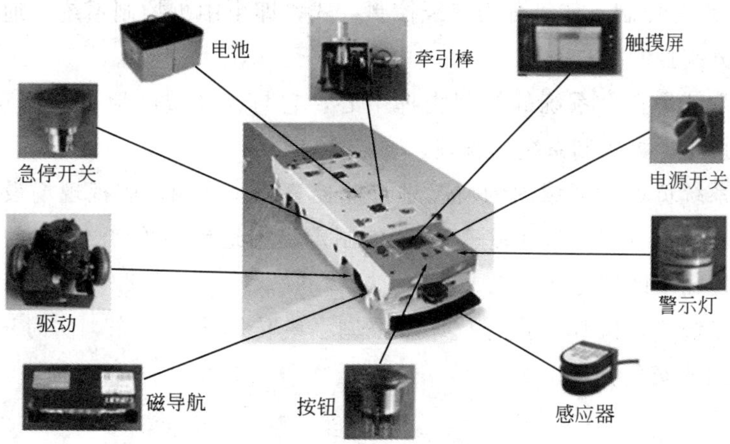

图 4-1　常见的 AGV 硬件组成

三、AGV 的类型

AGV 按用途和结构不同可分为无人搬运车、无人牵引车和无人叉车。

1. 无人搬运车

无人搬运车主要用于完成搬运作业。首先，采用人力或自动移载装置将货物装载到车辆上，车辆运行到指定地点后，再由人力或自动移载装置将货物卸下，从而完成搬运任务。具有自动移载装置的车辆在控制系统的指挥下能够自动完成货物的取放作业，并实现全过程的水平运行，而没有移载装置的车辆只能实现水平方向的自动运行，货物的取放作业需要依靠人力或借助其他装卸设备来完成。

2. 无人牵引车

无人牵引车的主要功能是自动牵引装载货物的平板车，它仅提供牵引动力。当牵引车带动载货平板车到达目的地后，就自动与载货平板车脱开。

3. 无人叉车

无人叉车的基本功能与机械式叉车类似，只是一切动作均由控制系统自动控制，自动完成各种搬运任务。

四、AGV 的管理与控制

AGV 的管理与控制一般可分为三级控制方式，即由中央控制系统、地面控制系统和车载控制系统分别控制。

中央控制系统是整个系统的控制指挥中心，它与各区域的地面控制系统进行通信，地面控制系统接受中央控制系统的管理。

地面控制系统负责对区域内的情况进行监控管理，例如，监视现场设备状况，统计 AGV 利用率，实施交通管制，跟踪装载物，制定目标地址，并将 AGV 的位置与装载物的类型、数量传输给区域主计算机。

车载控制系统负责解释并执行从地面控制系统传输来的指令，实时记录 AGV 的位置，并监控车上的安全装置。

五、AGV 的常用技术参数

1. 额定载重量

额定载重量是指 AGV 所能承载货物的最大重量。AGV 一般以中小型吨位居多。

2. 自重

自重是指 AGV 在不加载任何负载的情况下的自身静态重量。

3. 车体尺寸

车体尺寸是指车体外形的长、宽、高尺寸。该尺寸应该与所承载货物的尺寸及通道宽度相适应。

4. 定位精度

定位精度是指 AGV 到达目的地并准备自动移载时所处的实际位置与程序设定位置之间的偏差值。这一参数是确定移载方式的主要依据，不同的移载方式要求不同的定位精度。

5. 转弯半径

转弯半径是指 AGV 转向时，回转中心到车体最远端的距离。转弯半径越小，车辆的机动性能越好。最小转弯半径是确定车辆弯道运行所需空间的重要参数。

6. 额定速度

额定速度是指 AGV 的运动中心在可控运动状态下可长期运动的最大速度。它是确定 AGV 工作周期和搬运效率的重要参数。

7. 工作周期

工作周期是指 AGV 完成一次工作循环所需的时间。

六、AGV 在物流中的应用

过去，AGV 主要应用于生产加工领域，如在工位之间或自动化仓库与工位间进行物料搬运作业。随着物流业从劳动密集型向技术密集型转变，由传统模式向现代化、智能化升级，AGV 的应用逐步拓展到物流等领域。目前，AGV 在物流中的应用主要集中于仓储业和快递业。

在传统的仓储管理中，人为因素影响较大，差错率高，工作效率较低，缺乏全流程跟踪，责任难以界定。而 AGV 运行占用空间很小，小巧灵活，而且精度高、速度快，还能不间断工作，实时进行数据传输监控，满足复杂、高强度的仓储要求，因而可以很好地解决上述问题，准确、高效地完成出入库货物的自动搬运。例如，在货物入库时，首先由控制中心下达任务，调度 AGV 前往预设的卸货点接收货物，AGV 再按预设路径或自动选择最近路径将货物移至指定库位。在货物出库时，根据控制管理系统下达的作业指令，AGV 按预设路径自行驶向指定库位，取下托盘货物，然后按照路径将货物运送至系统设定好的仓库区接口，完成相应作业。

在快递业中，主要是利用 AGV 进行货物的扫码、称重、分拣等。它精准、高效、快速，能识别简单的信息，实现路径的最优化处理，可以大大节省各个环节的运行时间，显著增加货物分拣处理量，从而提高快递业的处理能力和自动化水平。

通过使用 AGV，物流企业可以充分节省作业空间，提高空间使用率，改善作业环境，节省人力，减少搬运时间，提高库存管理和盘点作业等工作的效率。此外，在 AGV 上安装机器人或机械手，可以在特殊环境中代替人工作业。通过与相关物流技术配合使用，AGV 能实现点对点的自动存取功能，在搬运、作业过程中，能够保证精细化作业、柔性化合作、信息化处理，从而让物流管理更加智能化。

【技能训练 8】

AGV 移载作业

1. 训练目标

了解 AGV 的主要构成部分，能够正确设置 AGV 的导引系统，使用 AGV 进行货物移载。

2. 训练准备

教师准备实训任务书、AGV 系统实训设备，对学生进行分组，以 5～7 人为一组，设组长 1 名。

3. 训练任务

辨识 AGV 的主要构成部分，正确设置 AGV 的有关参数，使用 AGV 对指定货物进行移载。

操作完毕后，撰写实训报告，制作 PPT 并汇报。实训报告要有训练目标、时间、地点、内容、总结及教师评语等内容。

4. 操作步骤

AGV 可以单机操作也可以联机操作，在联机操作模式下，AGV 将在起始点通过辊轴自动接收货物。接下来，根据厂商硬件配置不同，既可以在 AGV 上进行手动操作设置，也可以在计算机上进行远程自动操作设置。

(1) 手动模式设置

打开位于 AGV 顶部的开关，进入 AGV 管理系统初始界面，如图 4-2 所示。

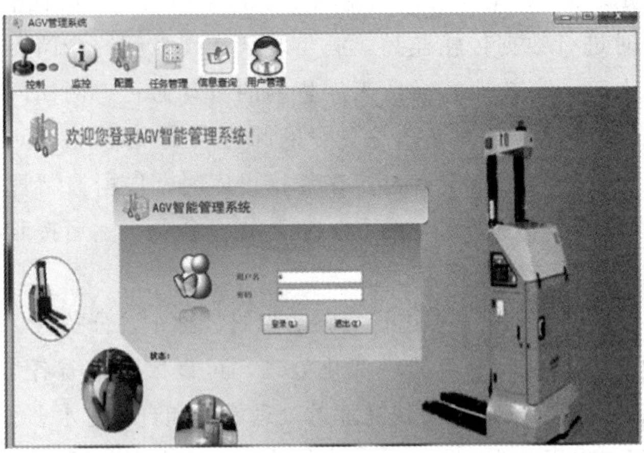

图 4-2　AGV 管理系统初始界面

输入用户名和密码后，登录系统，在“控制方式选择”中选取“manual control”，按 F1 键进入路径设置界面，设置路径（即 AGV 的运行路线），完成车辆手动操作。在手动模式下，所有的停靠点都要逐一设置。在实际操作中，每台 AGV 的路径往往是比较固定的，在此过程中，一般还要设置前后顺序和中间停顿等。

（2）自动模式设置

在计算机上登录AGV系统，在“控制方式选择”中选取“pc control”，进行相应的配置。

运行“小车”软件，进入AGV控制系统界面。在路径编辑框中填写路径信息，依次点击“小车准备”“发送路径”“开始运行”，AGV将按照设置进行货物移载操作。在自动模式下，可以直接使用现有的路径，只需要设置AGV在各个路径上的状态即可。

（3）注意事项

车辆的前后行进方向在软件上分别表示为0和1。

严禁在AGV运行路径上站立或将障碍物放置在AGV运行路径上，严禁乘坐、攀爬AGV。

AGV出现行走缓慢、易出轨等现象时表明车辆电量过低，需要及时充电，低电量运行容易对设备造成损害。

5. 训练评价

完成训练后，填写技能训练评价表（见表4-4）。

表4-4　　技能训练评价表

专业		班级		姓名	
实训时间		实训地点			
实训项目	AGV移载作业				
序号	评价内容	分值	小组评分（50%）	教师评分（50%）	单项总分
1	对照AGV实物，正确说出AGV的主要构成部分	15			
2	正确设置AGV的有关参数	15			
3	按要求正确完成货物的移载任务	40			
4	遵守纪律，爱护设备，礼仪符合要求，团队合作好	5			
5	实训记录内容全面、真实、准确，实训报告撰写规范	15			
6	PPT制作规范，汇报语言清楚，概念表达正确	10			
合计		100			

指导教师评语：

思考练习题

1. 什么是 AS/RS？它主要由哪些部分构成？
2. AS/RS 的主要优点有哪些？
3. AS/RS 可分为哪些类型？
4. 简述 AS/RS 计算机仓库管理系统的构成和主要功能。
5. AGV 一般由哪些部分构成？
6. AGV 可以分为哪些类型？
7. 简述 AGV 的三级控制方式。

第五章　物流管理信息系统

物流管理信息系统由计算机软硬件、网络通信设备及其他办公设备组成，是服务于物流作业、管理、决策等方面的应用系统。物流管理信息系统是仓库管理系统、运输管理系统、货运代理管理系统、财务管理系统和人力资源管理系统等系统的集合。

物流管理信息系统是构建现代物流的中枢，它对物流各环节及其流程具有强大的支撑作用。应用物流管理信息系统可以大大提高物流作业的质量和效率，实现物流管理的信息化、自动化、高效化，降低社会物流成本，提升物流服务水平。

第一节　仓库管理系统

【引导案例】

亚马逊的仓储管理之道

作为一家全球知名的网络电子商务公司，亚马逊公司每天都要将数以万计的商品发往各地。为了高质量地完成发货任务，亚马逊开发了基于拣货区与存货区分离、货位与库存数量绑定的仓库管理系统，简称为 Bin 系统。

1. 收货

系统在收货时将采购订单看作一个货位，将运货车看作另外一个货位，收货员是将货品逐个从采购订单的货位转移到运货车的货位上去。这样的操作精度高，效率高。

2. 上架

在 Bin 系统中，由于货位和货品数量被绑定，因此在上架操作时，不要求将一个库存量单位（SKU）一次性放到同一个货位上，而是可以根据货架的实际情况灵活安排到两个、三个甚至更多的货位上。因此，上架员具有相当大的灵活性，看到哪里有空隙，就可以将货品放到哪里。这样的库房虽然看起来很凌乱，货架上放着各种各样的东西，杂乱无章，但实际上所有的信息都存储在货位系统中，任何需要都可以随时满足。

3. 盘点

在 Bin 系统中，每一个存储货位中分别有几个 SKU，每个 SKU 有多少数量，这些信息都是在货位系统存储的。并且，库存实物与系统是同步更新的。

在这样的情况下，盘点可以在任意时间、任意货位操作。即使在盘点的同时进行上架、拣货等操作，盘点精度也完全不受影响。

4. 拣货

在 Bin 系统中，由于货位与货品数量被绑定，因此在生成拣货批次的同时，可以指定拣货库位，只有被指定的有拣货需求的货位才会被路径规划系统考虑。

拣货时，系统会根据所有已占用库存货位的位置，自动规划出拣货路径。拣货时，只能拣出“订单占用库存”，而不能拣出普通库存。

5. 出货

出货时，订单中包含的货品从拣货容器中转移到包裹中，包裹号同样可以追踪。

Bin 系统将货品和货位的绑定关系做到了极致，它是亚马逊实现高效率仓库管理的重要“武器”之一。

一、仓库管理系统的概念

仓库管理系统是为提高仓储作业和仓储管理活动的效率，对仓库实施全面系统化管理的计算机信息系统。仓库管理系统具有收集、储存、加工、转换仓储信息及辅助决策的功能。

仓库管理系统对于入库、库内、出库等环节的一系列工作提供了全面的技术支持，可以有效收集有关货品、储位和作业状态等方面的信息，这些信息可以通过无线传输方式传输到系统的数据库中。同时，系统可以将调度或自动分配给操作人员的任务传输给他们，实时地收集和传输数据，从而极大地提高工作效率。

二、仓库管理系统的结构和功能

仓库管理系统主要包含基本信息管理、入库管理、库内管理、出库管理、查询管理和费用管理等功能模块。仓库管理系统的结构如图 5-1 所示。

1. 基本信息管理模块

基本信息管理模块主要是对仓库信息、货品信息、人员信息、客户信息、合同信息进行管理。

（1）仓库信息管理

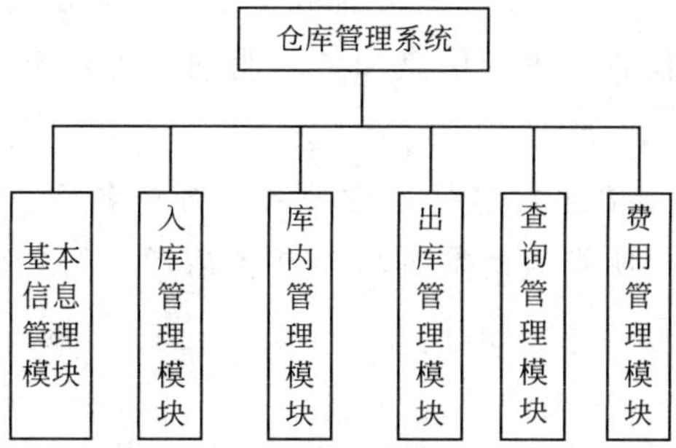

图 5-1　仓库管理系统的结构

仓库信息管理是指对仓库类型、仓库基本信息、仓库区域信息和储位信息等进行管理。其中，仓库类型主要包括普通仓库、冷冻仓库、化学仓库、危险品仓库等。

(2) 货品信息管理

货品信息管理是指对货品名称、货品类型、货品特性、货品计量单位等信息进行管理。

常见的货品信息包括货品的名称、编号、种类、规格、型号、单位、重量、体积、尺寸、价值、保质期、最高库存、最低库存和条码等信息。

(3) 人员信息管理

人员信息管理是指对仓储企业内部的人力资源信息进行管理，这些信息主要包括员工的姓名、编号、所属部门、岗位、工作年限、联系方式等基本信息。

(4) 客户信息管理

客户信息管理是指对客户的名称、编号、联系人、联系电话、传真、地址、电子邮件等客户基本信息进行管理。

(5) 合同信息管理

合同信息管理是指对合同中的合同号、当事方名称、代表人、合同签订日期、租仓地点、租仓面积、租仓标准、结算方式、保管商品名称等信息进行管理。

2. 入库管理模块

入库管理模块的主要功能包括：① 对货品数量的管理，如箱数、件数；② 对货品储位的管理；③ 对货品特性的管理，如客户、到期日、重量、体积、批次（号），并可结合条码进行管理；④ 对运输工具的管理，如运输公司、车辆牌号、司机、车辆状况；⑤ 对货品验收的确认，如对入库通知单上的货品数量和实际入库货品数量进行比较分析，以解决少货、多货等情况。

(1) 入库通知单（订仓单）管理

在货品到达仓库之前，货主以入库通知单形式通知仓库在何时入库什么货品，仓库可以根据这些信息制订入库作业计划，如安排和调度装卸货的工具、清理装卸货区域等。入库通知单主要包括客户信息、收货信息和货品明细等，并为安排卸货工具、指定卸货区和处理区提供信息。

入库通知单主表的数据项通常包括入库单号、客户名称、合同号、预计入库时间、制单人等信息。入库通知单明细表的数据项通常包括货品的名称、条码、批次、数量等信息。

（2）卸货及验收管理

收到入库通知单后，系统可以根据设置指定货品的装卸区及验收区。系统根据入库通知单编号自动产生“验收单编号”，显示入库通知单中货品的详细信息。指定卸货区和验收区时，要选择仓库号和区域号。验收结束后，如果发现有不合格品，应该在系统中进行记录。例如，在“不合格数量”“不合格原因”“处理意见”项中录入具体的信息。

（3）入库储位分配

入库储位分配就是为入库货品安排货位。例如，在系统中选中某一入库货品，选择合适的仓库号、区域号，并在排号、列号、层号中输入分配的数值，即可完成入库储位分配。

3. 库内管理模块

库内管理模块的主要功能包括对仓库储存货品的盘点作业、仓库内部货品在储位间的转储作业、货品在不同仓库间的转库作业等进行管理，还包括保管货品的报废管理、不合格品的退库管理等。

（1）盘点管理

盘点管理功能用于对货品的全面盘点、随机抽盘与指定盘点等作业。盘点作业时，要先在系统中生成盘点单，确定要盘点货品的编号、名称、储位、系统结存数量等信息清单。盘点结束后，在系统中录入盘点数据，审核盘点单，进行盘点差异处理。

（2）转储管理

转储管理功能用于对货品在同一仓库内不同储位之间转移的作业进行管理。转储单号由系统自动产生，操作人员在系统中选择要转移货品所在仓库和转储部门等信息，并填写制单人、转储时间、制单时间等信息，然后在“转储货品及存储货位清单”中选择货品，输入数量，选择目的区域。

（3）转库管理

转库管理功能用于对货品在不同仓库之间转移的作业进行管理。操作时，在系统中提出转仓申请，指定货品的转出仓库、区位及储位，并指定转入仓库的区域和储位等。系统自动产生转库单号，操作人员在系统中选择要转移货品的转出仓库、转入仓库、转仓部门等信息，并填写转仓时间、制单时间、制单人、备注等信息，然后在“转仓货品及存储货位清单”中选择货品，输入数量，选择目的区域。

（4）报废管理

报废管理功能用于对仓库中报废货品的编号、名称、位置等信息进行管理，包括提出报废申请，录入报废货品信息，指定报废货品所在仓库、区域及储位，并对上述报废信息进行维护。

（5）退货管理

退货管理功能用于对被退回货品的编号、名称、数量、存放位置、处理方法等信息进行管理，包括处理退货申请、审批、结转等。

4. 出库管理模块

出库管理模块的主要功能包括：① 管理出库货品数量，如箱数、件数；② 选择出货方式，如先进先出、后进先出；③ 管理出库运输工具，如运输公司、车辆号、司机名。

（1）出库通知单管理

出库通知单管理是指处理收货方要求的出库信息，包括收货方名称、编码、出库货品明细等信息，并为确定备货区提供信息。系统根据库存表中的货品名称、数量、批次等信息，自动生成出库货品列表。

（2）出库备货

出库备货是指操作员收到出库通知单后，录入出库备货货品信息，指定备货区，并安排出库货品货位等事务。

系统根据出库通知单编号自动产生“备货单号”，操作人员填写“出库备货时间”“制单人”“制单时间”等出库备货信息。

（3）出库单管理

出库单管理是指完成出库备货后，对出库货品的信息进行登记、查询等操作。如果采用先进先出的出库原则，系统可根据入库单的时间自动生成出库单，也可以根据需要，选择指定的入库单来生成出库单。

5. 查询管理模块

系统可以根据业务需要提供各种查询，如查询货主信息、商品信息、库存情况、订单状态等。查询系统可以将各项信息逐一核对，并将有效结果进行反馈，使现场实时查询和实时指挥工作变得方便容易。

6. 费用管理模块

费用管理模块主要用于对客户的仓储费、运输费和承运单位的运费等费用进行结算处理。该模块主要具有收款处理、付款处理、应收款查询、应付款查询、客户业绩查询、客户业绩统计等功能。

【技能训练 9】

应用仓库管理系统处理入库业务

1. 训练目标

了解仓库管理系统的结构和主要功能，掌握仓库管理系统各功能模块的操作流程，能够应用仓库管理系统的主要功能模块处理仓储业务。

2. 训练准备

教师准备实训任务书、实训设备、相关软件和网络环境，对学生进行分组，以 5～7 人为一组，设组长 1 名。

3. 训练任务

利用仓库管理系统模拟处理一批商品入库任务。

有关入库信息见表 5-1。

表 5-1　入库信息

序号	通知单号	入库货品	库房	区	储位	入库数量（件）
1	jg0403-001	jg0403 商品一	jg0403 的库房	模拟货架区	A10101	15
2	jg0403-002	jg0403 商品二	jg0403 的库房	模拟货架区	A10102	20
3	jg0403-003	jg0403 商品三	jg0403 的库房	模拟平面区	A10103	10

操作完毕后，撰写实训报告，制作 PPT 并汇报。实训报告要有训练目标、时间、地点、内容、总结及教师评语等内容。

4. 操作步骤

（1）设置基础信息

登录仓库管理系统，依次点击“客户管理”“客户管理”，为用户添加操作客户，如图 5-2 所示。然后，在系统菜单中依次点击“客户管理”“企业资源”，系统弹出人员信息维护窗口，点击操作面板上的“操作客户”，将“可获得客户”栏中的客户（如 jg0403 的客户）移动到“已有客户”栏中，并确定，如图 5-3 所示。

（2）新建凭证

在系统菜单中依次点击“业务管理”“客户凭证”“入库凭证”，新建入库凭证，如图 5-4 所示。

点击“确定”后，进入分配储位页面，为货物分配储位，如图 5-5 所示。

点击“确定”，生成入库单，如图 5-6 所示。

（3）分派工作

在系统菜单中依次点击“调度”“派工”，选中凭证编码为 jg0403-001 的单据，右键

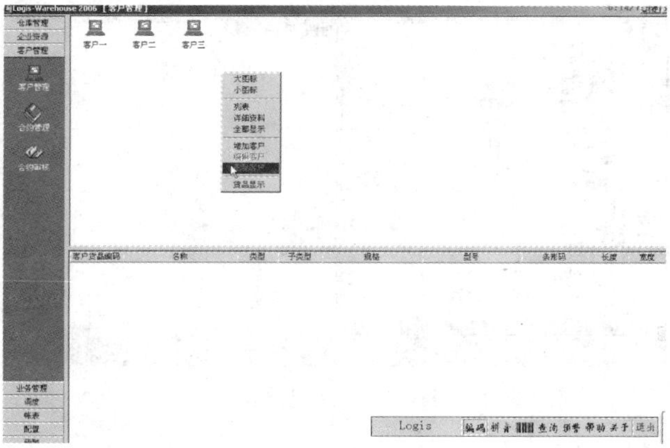

图 5-2　添加操作客户

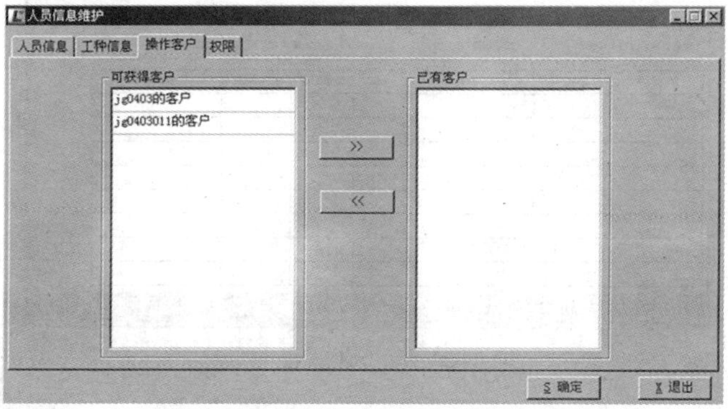

图 5-3　选择客户

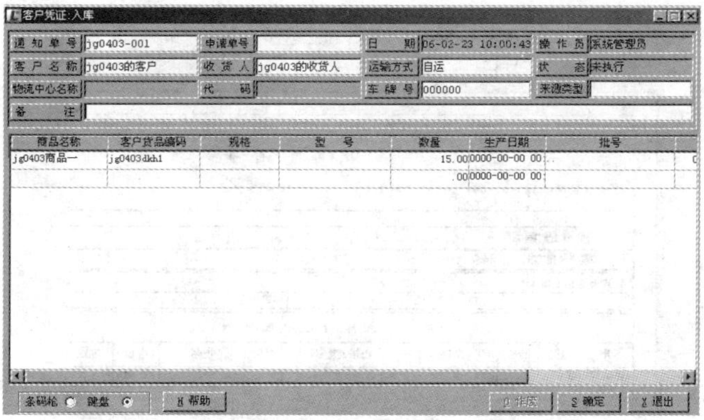

图 5-4　新建入库凭证

单击，在弹出的菜单中选择“处理/调整”。

然后，在派工单中的“指定操作”栏中选择“人工装卸”，点击“调整资源”，为凭证

图 5-5　分配储位

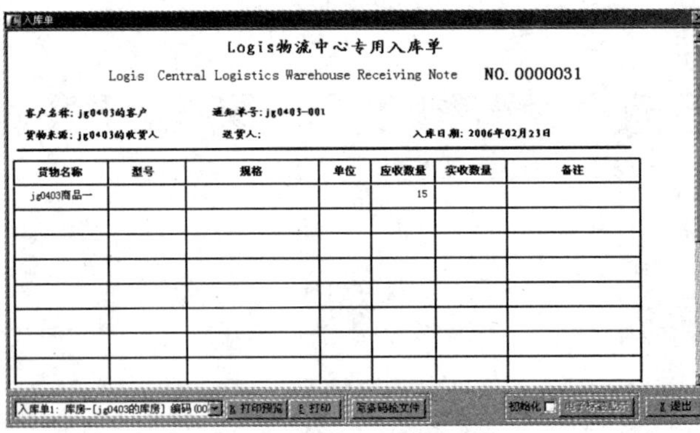

图 5-6　生成入库单

分配库工，如图 5-7 所示。在“可调用库工”栏中将教师库工王五移动到“分配的库工”栏，点击“确定”，如图 5-8 所示。

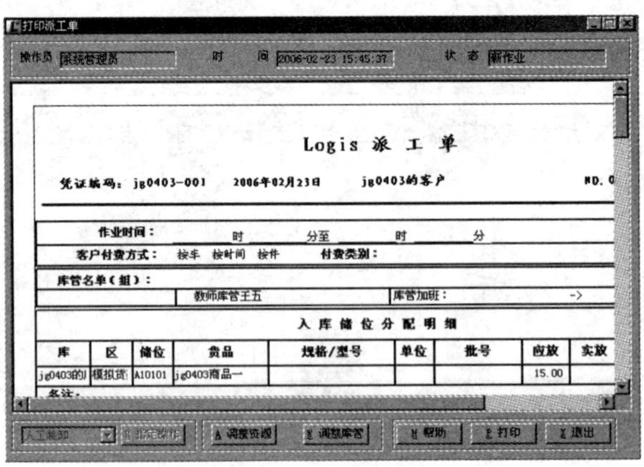

图 5-7　调整派工单

在派工单中点击“调整库管”，为凭证选择库管。在列表中选择“教师库管王五”，点击“确定”，如图 5-9 所示。

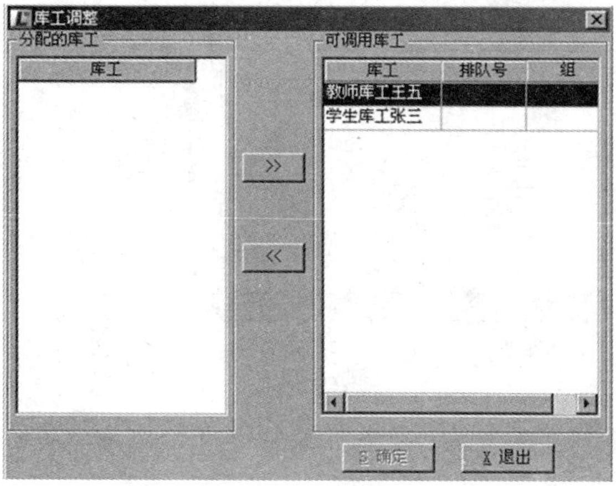

图 5-8　库工调整

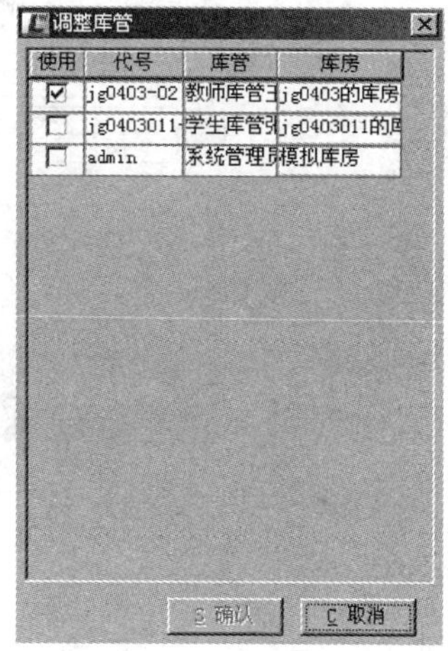

图 5-9　调整库管

设置完成后，打印并下达派工单。

(4) 凭证反馈

在系统菜单中依次点击“业务管理”“出入库”，在“入库单”窗口中选择通知单号为 jg0403-001 的单据，右键单击，在弹出的菜单中选择“反馈/分配显示”，如图 5-10 所示。进入出入库单反馈页面，输入有关信息，“实放数量”输入 15，“工作数量”输入 15，然后点击“保存”，如图 5-11 所示。

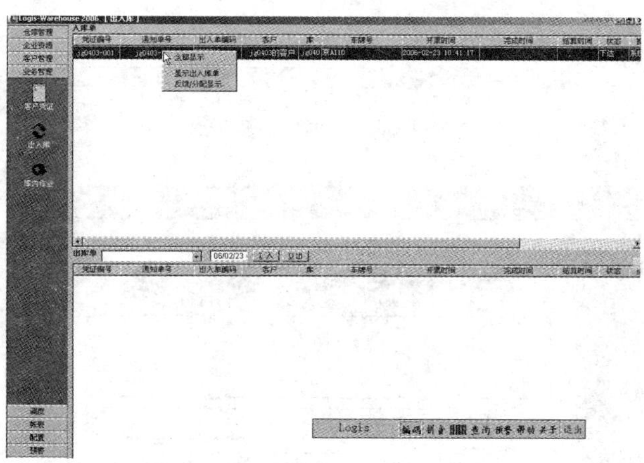

图 5-10　凭证反馈

在系统菜单中依次点击“调度”“派工”，在窗口空白处右键单击，在弹出的菜单中选择“显示正在执行的作业”，如图5-12所示。选中凭证编码为 jg0403-001 的单据，右键单击，在弹出的菜单中选择“反馈/显示”，进入反馈派工单页面，在“付费方式”

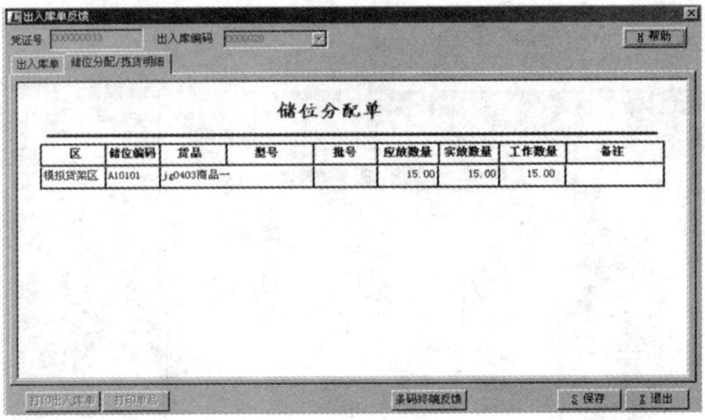

图 5-11　储位分配单

中选择“按件”，在“计工方式”中选择“按件”，输入结束时间后确认、退出，如图 5-13 所示。

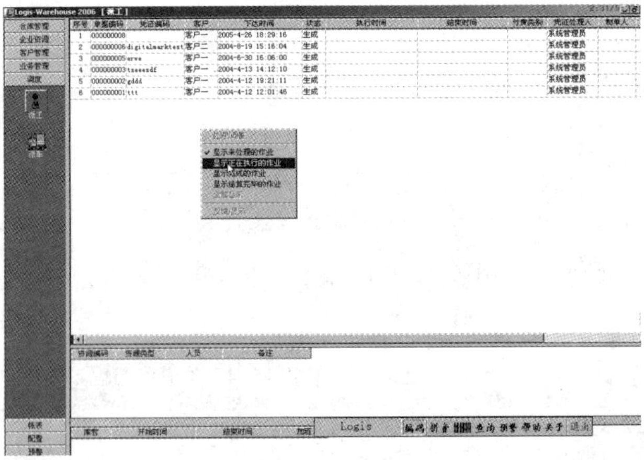

图 5-12　派工单

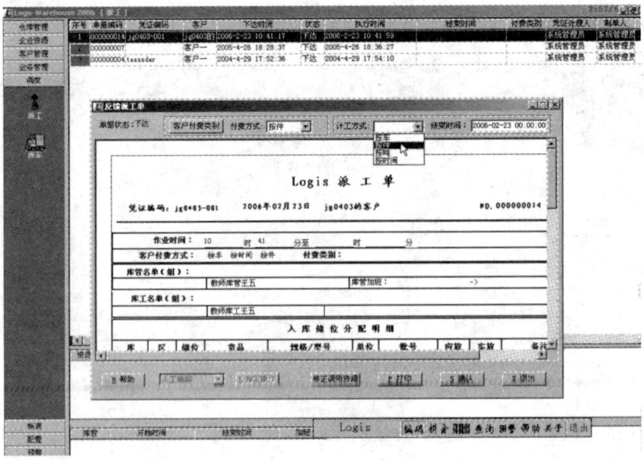

图 5-13　反馈派工单

5. 训练评价

完成训练后，填写技能训练评价表（见表 5-2）。

表 5-2　　技能训练评价表

专业		班级		姓名	
实训时间		实训地点			
实训项目	应用仓库管理系统处理入库业务				
序号	评价内容	分值	小组评分（50%）	教师评分（50%）	单项总分
1	正确描述仓库管理系统的结构和主要功能	20			
2	按正确流程操作仓库管理系统入库功能模块	50			
3	实训过程中遵守纪律，爱护设备，礼仪符合要求，团队合作好	5			
4	实训记录内容全面、真实、准确，实训报告撰写规范	15			
5	PPT 制作规范，汇报语言清楚，概念表达正确	10			
合计		100			

指导教师评语：

第二节　运输管理系统

【引导案例】

运输过程透明管理系统

传统物流运输往往存在信息透明度低、效率低下、车辆利用率不足、运营成本高等问题。运输过程透明管理理念正是针对这一问题产生的。基于该理念开发的运输过程透明管理系统，集合了物联网技术、GPS 技术、移动通信技术、数据库技术、车载 DVR 技术等，可以对物流网络中的所有车辆进行有效的管理和监控，实现跨越多层的业务连接，实现从货主、运输公司、司机到收货人的全程最大化透明管理，从而解决大网络、多车辆的物流运输系统管理问题，降低调度强度，提高车辆利用率。

这套系统通过运输车辆的终端设备进行卫星定位和移动通信，准确获得车辆在任何时刻的位置、速度、行驶里程、货柜门开启情况、货柜内货物情况、油耗情况以及沿途道路状况、行驶路线周边环境等信息。系统对获得的信息进行提取、计算、分析后，将其通过通信模块发布到监控平台的网络上。管理者只要登录网络，即可对车辆的所有运行信息一目了然。

管理者可以通过系统服务器下发车辆调度信息，信息由通信网络传输到运输车辆的车载终端上。当发生异常情况时，信息处理平台会发出文字和语音提示，提醒驾驶人员注意行驶安全和货物安全。

系统采用分管监控的方式，按网点进行分组监控管理，划分出多级子账号。上级管理部门可通过子账号授权各下属部门进行精准监控，从而降低管理监控的强度，提高车辆的利用率。

运输监控系统采用开放式通信协议，可以为客户提供运输过程透明信息（如车辆资料、运输路线等），客户能够随时随地通过网络了解货物的运输状态，便于客户和企业及时进行沟通和交流。

凭借在信息收集、传递和分析方面的显著优势，运输过程透明管理系统能够充分加强物流企业的管控能力和执行力，有助于企业对物流市场的变化做出及时反应和科学决策。

一、运输管理系统概述

1. 运输管理系统的概念

运输管理系统（TMS）是基于运输作业流程的管理系统，它利用计算机网络等现代信息技术，对运输计划、运输工具、运输人员及运输过程进行跟踪、调度、指挥。

运输管理系统的核心目标是：对运输过程中的人、车、货、客户及费用核算进行有效的协调和管理，实现对各种资源的实时监控、协调及智能化管理，满足客户服务的信息需求。

2. 运输管理系统的作用

运输管理系统提高了物流运输企业的服务水平，其具体作用表现在以下 4 个方面：

（1）提供查询便利

当顾客需要对货物的状态进行查询时，只要输入货物的运单号码，就能立刻知道有关货物状态的信息。查询作业简便迅速，信息及时准确。

（2）增强及时服务

企业通过系统可以确认货物是否能够在规定的时间内送到顾客手中，能够及时发现未在规定时间内把货物交付给顾客的情况，以便立即查明原因并及时改正，从而提高运输的准确性和及时性，提高服务水平。

（3）获得竞争优势

运输管理系统可以帮助企业提高物流运输效率、提供差别化物流服务，从而使企业获得有利的竞争优势。

（4）加强信息共享

运输管理系统通过提供货物运输状态的信息，丰富了供应链的信息分享源，有利于下游用户预先做好接货及后续工作的准备。

二、运输管理系统的结构和功能

运输管理系统包含的功能模块主要有客户管理、车辆管理、驾驶员管理、运输管理、GIS/GPS、回场确认管理、财务管理、绩效管理、海关/铁路/航空系统对接管理、保险公司和银行对接管理等模块。运输管理系统总体结构如图 5-14 所示。

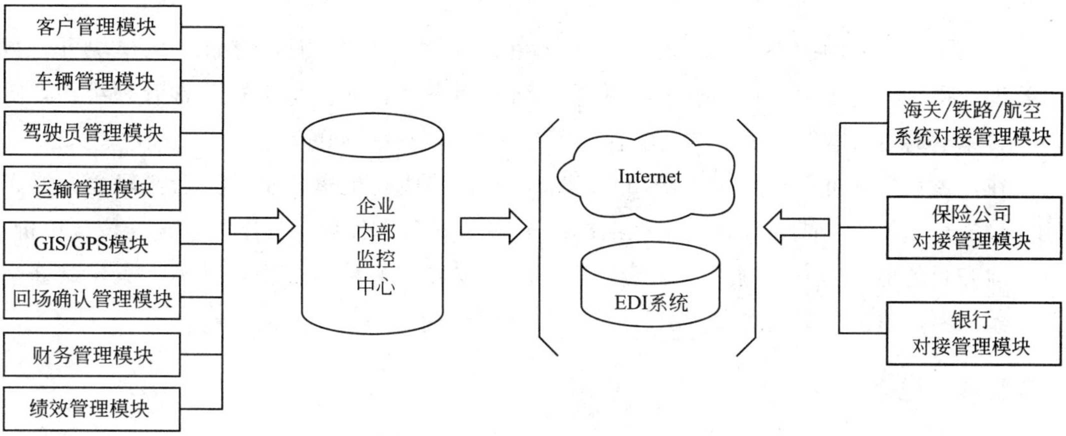

图 5-14　运输管理系统总体结构

1. 客户管理模块

客户管理模块可以实现订单处理、合同管理、客户查询管理和投诉管理等功能。

（1）订单处理

订单处理可以提供多种订单受理方式。客户可通过电话、传真提交订单，同时系统可在互联网环境中实现安全的、标准的 EDI 数据交换，接受网上直接下单，根据客户的指令进行订单的录入，并对下达的订单进行分析审核。双方确认订单信息后签订运输合同。系统支持多种发运订单，主要包括车辆运单、散户运单、合同运单和货物运单等。

（2）合同管理

1）统一管理合同。系统可记录合同受理日期、合同编号、订单号、起运地址、货物名称、货物重量、货物体积、货物数量、货主及联系人、收货单位及联系人、到达地址、车辆种类、车辆数量、签订人、审核人、起始时间、到达时间、预付费用计算和结算方式等信息，以备查询和管理。

2）合同理赔。系统可对装车、发货时发生的破损情况进行登记、修改。理赔部门按照双方签订的合同协议进行理赔处理，系统自动将金额转入财务结算。

（3）客户查询管理

客户在系统中输入货物代码，就可以得知货物在库情况、在途状况和预计到达时间等信息。

（4）投诉管理

系统可以对客户的投诉进行分析和统计，做出投诉处置并进行相关记录，向上汇报。同时，还能对客户反馈的信息进行分析、记录，以便提高服务水平。

2. 车辆管理模块

车辆管理模块的主要功能是对车辆的业绩、经费等进行统计、查询。该模块可以帮助管理人员对运输车辆（包括企业自用车辆和外用车辆）的信息进行日常管理维护，随时了解车辆的运行状况，确保在运输任务下达时有车辆可供调配。

在该模块中，可以管理每天的出车记录，查看哪些是出车车辆、待命车辆、维修车辆。输入运单号后，能够查看出车日期、出车车辆、客户名称、工作内容、吨位、单价、提货地和目的地等信息。输入车辆编号后，能够查看车辆维修与保养计划、车辆维修情况、添加零件情况、车辆违章情况、车辆事故情况等信息。

3. 驾驶员管理模块

驾驶员管理模块的主要功能是对驾驶员的业绩、经费等进行统计查询。通过该模块可以了解驾驶员的个人信息和工作状况。

（1）驾驶员档案管理

驾驶员档案管理的主要内容包括驾驶员姓名、家庭详细住址、家庭电话、手机、身份证号码、所属公司、驾驶证证号、驾驶证档案编号、驾龄和劳动合同情况等信息。

（2）驾驶员查询

系统可分时段对不同驾驶员的业绩、费用等情况进行统计查询，显示驾驶员月度或年度的业务量情况，对驾驶员发生的费用进行统计，包括运杂费、维修费、工资等费用。

（3）驾驶员日常管理

系统支持驾驶员刷卡功能，可对驾驶员进行考勤监督，实行日常管理。

4. 运输管理模块

运输管理模块包括运输计划安排、运输方式选择和运输路线优化 3 个环节。

一是根据客户要求制订运输计划并生成运输计划书。

二是根据货物的性质、特点、运输批量及运输距离等实际情况，在保证按时到货及运费不超出预算的前提下，选择合适的运输方式。

三是根据客户输入的起点和目的地，自动设计最佳行驶路线，包括最快的路线、最简单的路线、通过高速公路分段次数最少的路线等。路线规划完毕后，系统自动在电子地图上显示设计路线，并同时显示汽车运行轨迹。

5. GIS/GPS 模块

（1）车载终端

车载终端的主要功能包括从 GPS 接收数据、设置各种报警灯的状态、显示调度信息及报警等。

（2）通信系统

通信系统的主要功能有：① 通过移动通信网络实现车载终端与监控中心的数据传输；② 对接收到的定位信息进行处理，并提供给 GIS 系统；③ 把 GIS 系统的报警及解除报警的信息发给车载终端。

（3）监控中心

1）电子地图模块。电子地图模块的主要功能有：① 显示各目标所在位置；② 对固定目标进行查询，对监控目标进行显示；③ 提供灵活的地图显示方式，可以设置全图显示，也可以设置区域地图显示；④ 实时检测定位信息数据，更新各个目标的显示位置；⑤ 判断各个目标的实际情况，确定是否向通信模块发送报警信息；⑥ 用户可以手工向车载终端发出报警信息；⑦ 回放车辆行驶的轨迹。

2）管理查询系统。该系统的主要功能有：① 查询和打印驾驶员的任务完成情况；② 设置及维护电子地图中的各种参数；③ 进行系统的权限设置。

3）语音记录系统。该系统可实时监控电话及集群电话各个频道的通话语音信息并进行记录，还可对记录的通话信息按选定的时间段进行回放。

6. 回场确认管理模块

驾驶员将货物送到目的地，驾驶车辆回到场站后，操作人员将客户收货确认单上的信息输入回场确认管理子系统，系统将对这些信息进行存储，作为数据统计分析的信息基础。

7. 财务管理模块

财务管理模块的主要功能有：① 提供全国各地运输价格和运输周期的查询；② 设置运输商的价格信息数据库；③ 依据合同为客户制定运输价格表；④ 生成费用结算报表和费用明细列表；⑤ 核算每次运输业务产生的过桥过路费、油费、人工费和资产折旧等费用；⑥ 支持多种结算方式及利率统计。

8. 绩效管理模块

绩效管理模块的主要功能有：① 辅助管理者对业务管理和经营事务进行控制和优化；② 辅助管理者进行事前、事中和事后的管理和控制；③ 为经营决策提供支持，例如，在决定是否外包车辆时，系统会根据数据给出一个分析和参考的指标。

9. 海关/铁路/航空系统对接管理模块

海关/铁路/航空系统对接管理模块的主要特点有：① 涵盖所有的运输方式，包括水路运输、公路运输、铁路运输和航空运输，并提供对多式联运业务的支持；② 实现对不同运输方式的衔接互补，当某项运输任务涉及多种运输方式时，系统能实时提出运输组织的策略，以合理的组织方式完成运输任务；③ 通过与海关等部门的对接，为外贸交易提供系统的报关服务，方便了客户也扩大了企业的业务。

10. 保险公司和银行对接管理模块

保险公司和银行对接管理模块的主要功能有：① 为运输部门的车辆和员工提供保险业务；② 承接网上投保业务，为物流公司承接的运输货物随时办理保险业务；③ 通过与银行对接，实现网上支付和业务结算，缩短作业时间，减少费用。

三、运输管理系统的发展趋势

1. 技术集成与多系统之间对接

在技术集成方面，射频识别技术、卫星定位技术、物流仿真技术等将在物流领域广泛应用。同时，运输管理系统正逐渐向供应链全过程演进，更加注重与其他信息系统（如仓储管理系统、配送管理系统、ERP 系统等）的整合，从而实现物流的全过程控制。

2. 开放性和扩展性日益增强

企业未来必须寻找战略合作伙伴，通过联盟的力量获得竞争优势，同时越来越多的货主会将自己的软件和IT系统与第三方物流企业集成使用，因此，运输管理系统未来将更具开放性和扩展性。

3. 更加重视在线服务和系统安全

物流过程中信息的流动是跨企业进行的，物流系统必须实现跨地区的信息实时传输、远程数据访问，以及数据分布处理和集中处理的结合。所以，运输管理系统越来越重视对在线服务的支持。同时，这种复杂的信息处理也对运输管理系统的安全性、可靠性提出了更高的要求。

4. 移动信息技术的发展带动运输管理系统的变化

运输管理系统中应用的移动信息技术将日益成熟，受此影响，运输管理系统中的快速定位、实时导航、简单指令、精密授时将逐渐成为现实。

5. 更加注重费用环节

物流是企业的第三利润源泉，降低成本是物流运作的首要目标。运输管理系统越来越注重费用环节，更加强调完善、强大的成本分析和费用控制功能。

【技能训练10】

运输管理系统应用

1. 训练目标

了解运输管理系统的结构和主要功能，掌握运输管理系统各功能模块的操作流程，能够应用运输管理系统的主要功能模块处理运输业务。

2. 训练准备

教师准备实训任务书、实训设备和上网环境，对学生进行分组，以5～7人为一组，设组长1名。

3. 训练任务

北分公司接到一批发货业务，客户A要运送一批货物到天分公司，客户B要运送一批货物到上分公司，客户C要运送一批货物到广分公司。试用运输管理系统新建运单，并进行交接清单管理。

操作完毕后，撰写实训报告，制作PPT并汇报。实训报告要有训练目标、时间、地点、内容、总结及教师评语等内容。

4. 操作步骤

（1）新增班次

由于在系统中并无从北分公司到上分公司的班线，所以，需要首先对此进行设置。登录运输管理系统，在系统主菜单中依次点击“业务管理”“班次管理”，进入新建班线页面。然后填写相关信息，新增班次，点击“保存”即可开通此班线，如图5-15所示。

图 5-15　班次管理

（2）新建运单

在系统主菜单中依次点击“业务管理”“新建运单”，进入新建运单页面。新建运单号为 Y060214001，在相应的位置填写运单信息。“起点”为北分，“终点”为天分，无中转则“站点”框中不填，“类型”选择零担。“交付”栏中如果填写的是自提，那么“送货费”栏中应该是 0；如果填写的是送货上门，那么“送货费”栏中应当填写相应的费用。新建运单的填写如图 5-16 所示。

图 5-16　新建运单

填写完毕后，点击“保存”，运单建立完毕，如图 5-17 所示。

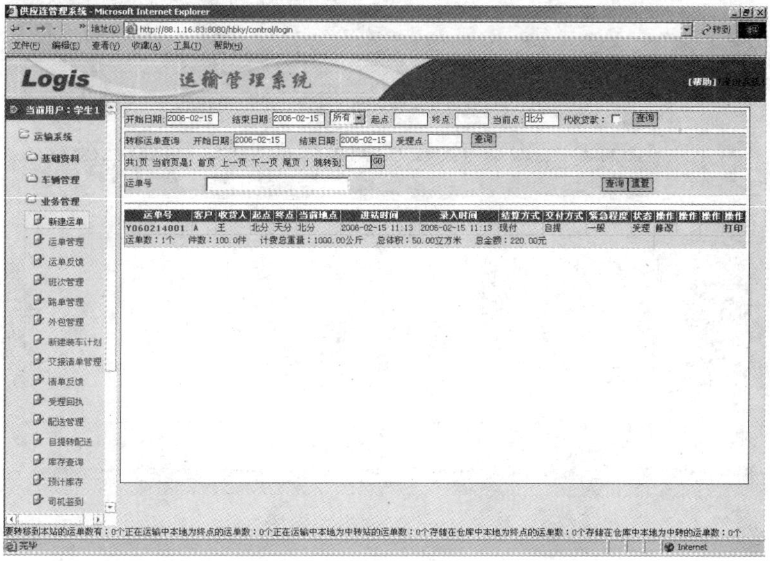

图 5-17　运单建立完毕

再按上述步骤为客户 B 新建相应的运单，填写有关信息，如图 5-18 所示。

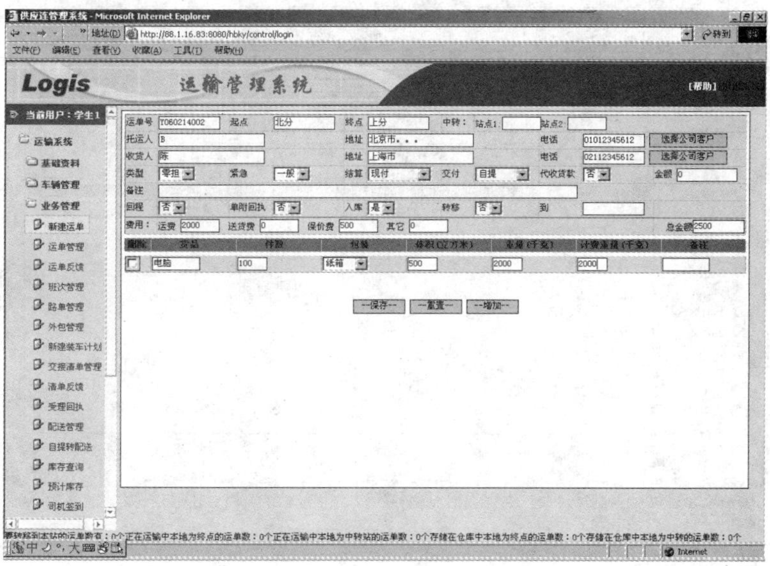

图 5-18　新建运单

填写完毕后，点击“保存”，运单建立完毕，如图 5-19 所示。

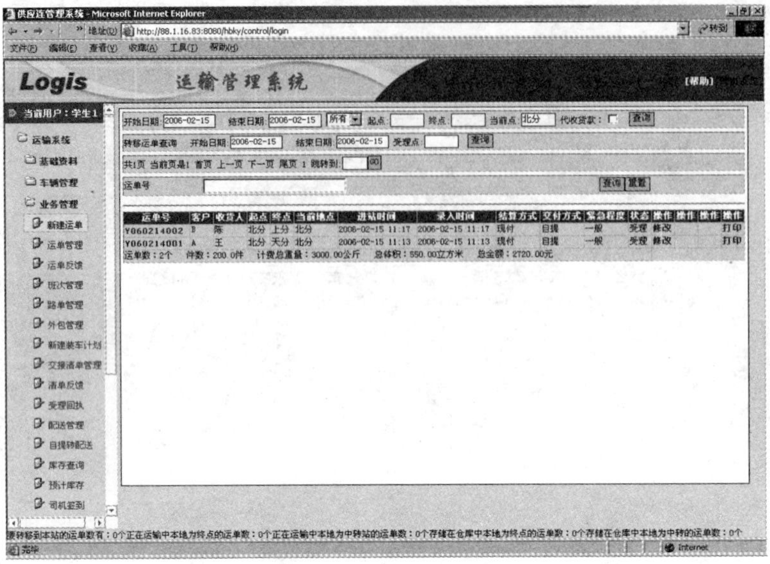

图 5-19　运单建立完毕

再按上述步骤为客户 C 新建相应的运单，填写有关信息，如图 5-20 所示。

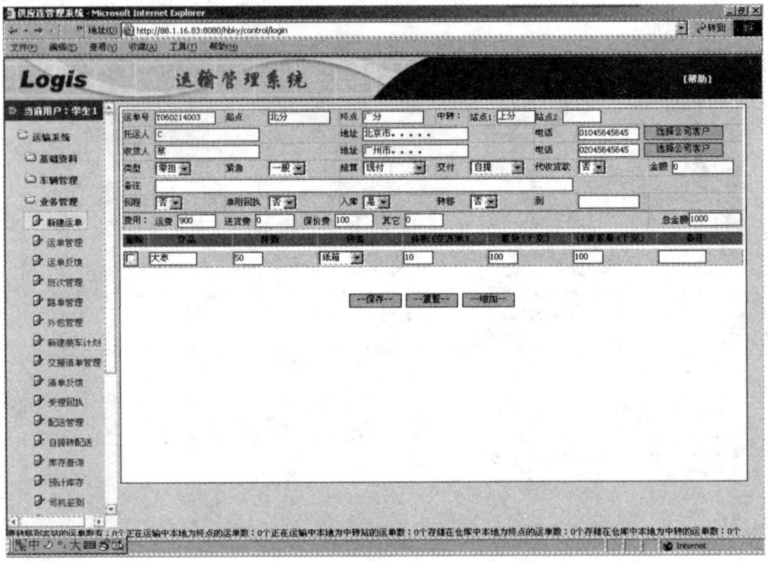

图 5-20　新建运单

在此运单中，“中转站点 1”栏中填写“上分”，表示货物须在上分公司中转。填写完毕后，点击“保存”，运单建立完毕，如图 5-21 所示。

图 5-21　运单建立完毕

（3）交接清单管理

查询当日的交接清单，如显示为空白则新建装车计划。登录运输管理系统，在系统主菜单中依次点击“业务管理”“新建装车计划”，进入新建装车计划页面。在班线中，已有从北分公司经天分公司到上分公司的班线，所以在建立交接清单时选择以北分为起点，以上分为终点，点击“查询”，如图 5-22 所示。

图 5-22　新建装车计划

查询结果显示有可操作的两个运单，选中后点击“保存”，生成交接清单，如图 5-23 所示。

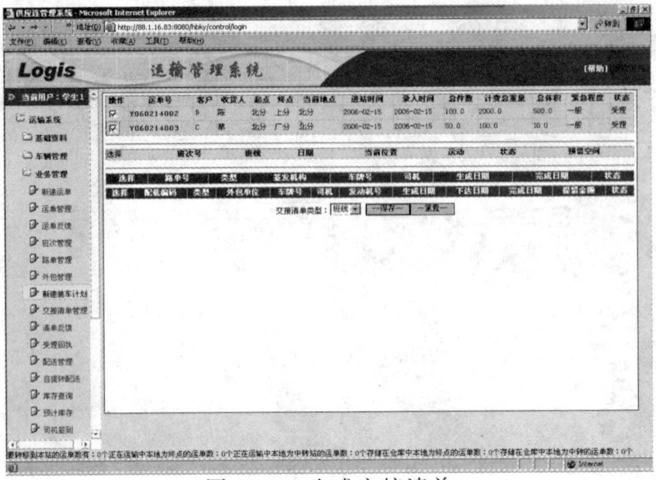

图 5-23　生成交接清单

5. 训练评价

完成训练后，填写技能训练评价表（见表 5-3）。

表 5-3　技能训练评价表

专业		班级		姓名	
实训时间		实训地点			
实训项目	运输管理系统应用				
序号	评价内容	分值	小组评分（50%）	教师评分（50%）	单项总分
1	正确描述运输管理系统的结构和主要功能	20			
2	按规定流程操作运输管理系统，正确新增班次	10			
3	按规定流程操作运输管理系统，正确新建运单	20			
4	按规定流程操作运输管理系统，正确完成交接清单管理	20			
5	实训过程中遵守纪律，爱护设备，礼仪符合要求，团队合作好	5			
6	实训记录内容全面、真实、准确，实训报告撰写规范	15			
7	PPT 制作规范，汇报语言清楚，概念表达正确	10			
合计		100			

指导教师评语：

第三节　货运代理管理系统

【引导案例】

货代营运管理信息系统

过去，很多国内传统货运代理公司在跨地域业务运营过程中存在很多问题，突出表现为信息共享、传递和管理过程的无效或低效。为了解决这些问题，拥有多年国内外物流航运系统开发经验的某公司开发出一套货代营运管理信息系统。

这套系统主要包括货运代理操作管理模块、商务结算模块、财务结算模块、数据统计分析模块、市场业务管理模块、客户网站模块、外委协同管理模块、外委网站模块、系统管理模块、工作流驱动引擎模块和电子数据交换模块等，功能全面。

这套系统将货运代理业务中涉及的所有操作流程都规范化、流水化、固化在系统中，形成一个基于角色岗位的协同作业平台，使整个货运代理业务流程上的每一步操作都能在系统的支撑、催办和监控下及时、准确、顺畅地执行。

这套系统通过将货运代理相关各方互相联结，实现物流、信息流和资金流的交互式在线运转，可以最大限度地发挥各方的协同效用，促进各方的彼此信任和彼此依赖，提升工作效率，降低运营成本，提高货运代理运转效率和竞争力，为货运代理业务规模的进一步扩大提供体系化的支撑。

一、货运代理管理系统概述

1. 货运代理管理系统的概念

货运代理管理系统（FMS）是针对货运代理（有时简称货代）行业所特有的业务规范和管理流程，利用现代信息技术及信息化的理论和方法，开发出的能够对货运代理企业操作层、管理层和战略决策层提供有效支持与帮助的管理系统。

2. 货运代理管理系统的架构

目前，大型货运代理管理系统主要采用三层客户-服务器架构，即客户端（表示层）、应用服务器（功能层）、数据库服务器（数据层）。该架构的特点有：① 分支机构通过虚拟专用网（VPN）、专线等形式接入总部局域网，总部拥有较高的接入带宽，对于处于带宽难以保证区域的分支机构（如国外机构）采用专线连接方式；② 通过简单的 Web 服务平台向客户、供应商提供网上协助功能；③ 通过自动更新等功能减少客户端部署的工作；④ 数据存储采用大容量、高速度的专业设备。

二、货运代理管理系统的主要结构和功能

1. 海空运输出口系统模块

该模块的主要功能包括订舱委托、操作调度、查询统计和单证处理。其中，单证处理又包括提单的确认、制作、签发，报关单据的流转及跟踪管理，单据格式的自定义等。

2. 海空运输进口系统模块

该模块的主要功能包括输入货主与承运人业务委托信息，登记、查询及跟踪进口货物信息，输入相关费用，作业调度与报关，安排到港后卸货，下程转运衔接，拼箱进口的拆箱与再分装，单证处理等。

3. 海关衔接系统模块

该模块的主要功能有两项。一是出口报关。输出场站收据时，系统以 EDI 方式报关，自动打印提单，并通知客户。二是进口报关。系统在 EDI 状态下收到出口商或航运公司提单通知后报关，经海关审查通过后，自动生成到港通知单和提货单。该系统在与海关系统连接时必须具备 EDI 对外共享功能。

4. 费用管理系统模块

该模块的主要功能包括输入与审核应收应付、代收代付费用，开具、打印与查询发票，登记、审核实收实付费用，制作、打印成本利润表和应收账款统计表，自动生成对账表（在与客户 EDI 连接状态下系统可以自动发送回执）。

5. 销售管理系统模块

该模块的主要功能包括新增、删除、查询客户信息，考核客户单体成本与利润，更新维护公开运价、船期等公用信息，新增、修改与查询合同信息，处理不同客户群的报价等。

6. 分公司业务系统模块

该模块的主要功能包括手工或自动定时上报业务情况、收入支出，对下属机构自

动下达指标，相互委托业务等。

7. 决策支持系统模块

该模块的主要功能包括客户资源分析、客户忠诚度分析、客户信用度分析、资源分析、业务量分析、成本利润分析、资金压力分析。

【技能训练 11】

货运代理管理系统应用

1. 训练目标

了解货运代理管理系统的结构和主要功能，掌握货运代理管理系统各功能模块的操作流程，能够应用货运代理管理系统的主要功能模块处理各类货运代理业务。

2. 训练准备

教师准备实训任务书、实训设备和实训软件环境，对学生进行分组，以 5～7 人为一组，设组长 1 名。

3. 训练任务

使用货运代理管理系统进行出口作业管理。

操作完毕后，撰写实训报告，制作 PPT 并汇报。实训报告要有训练目标、时间、地点、内容、总结及教师评语等内容。

4. 操作步骤

(1) 订舱管理

登录货运代理管理系统，依次点击“货代作业管理”“出口作业管理”“订舱管理”，进入销售部门提交的订单列表页面。在此页面选择一个订单，然后点击“修改”，进入详细信息编辑页面，可以对订单具体内容进行修改，如图 5-24 所示。

该页面包括货代作业单、费用信息、提单信息和货物信息四个标签页。用户需要在其中补充作业细节信息，添加出口货品，如图 5-25 所示。在货代作业单页面中需要注意：“报关要求”和“拖车方式”字段只有选择“委托”，系统才会在以后的业务流程中进入相应的业务环节进行处理。

点击货物信息标签页，编辑相应信息。编辑完毕后，点击“提交”，保存信息。

再次进入订单列表页面，选择订单进行“修改”“删除”和“查看”。在查看订单页面可以打印订舱单。确认信息无误后，在订单列表页面中选择要处理的订单，点击“提交处理”，进入下一个业务环节，如图 5-26 所示。

如果货代作业单页面中的“拖车方式”和“报关要求”字段选择的都是“委托”，作业单将进入拖车环节；如果选择的分别是“自托”和“委托”，作业单将进入报关环节；如果选择的分别是“自托”和“自报”，作业单将进入“补单”环节。

(2) 做柜管理

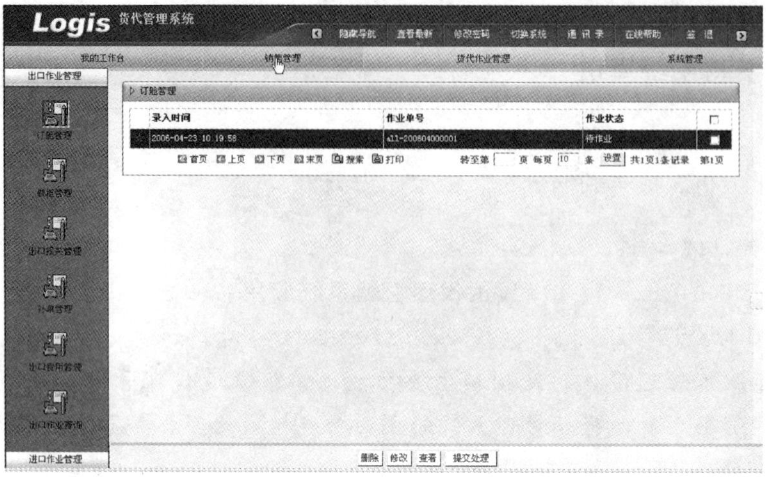

图 5-24　订舱管理

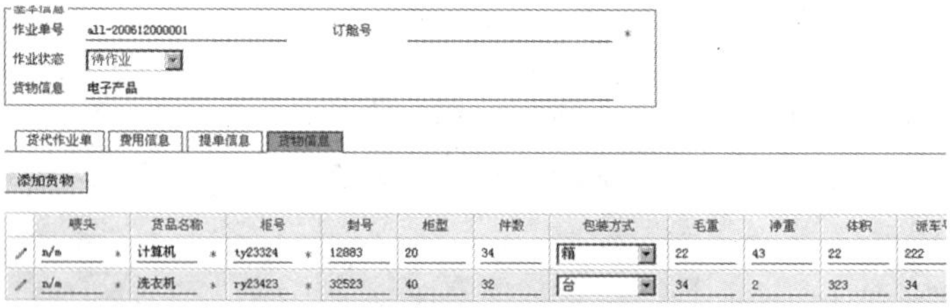

图 5-25　编辑货物信息

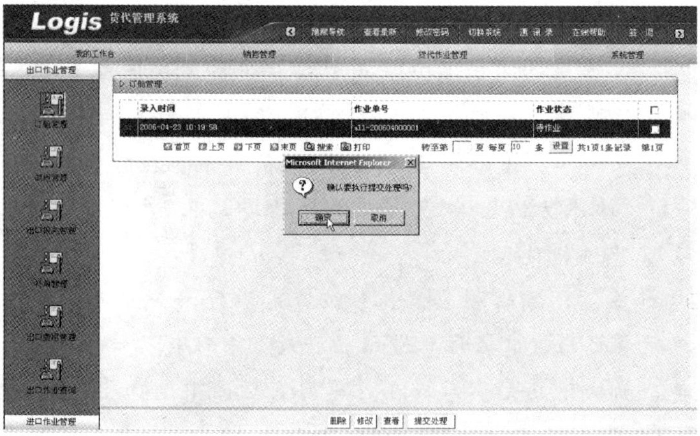

图 5-26　提交订单

登录货运代理管理系统，依次点击“货代作业管理”“出口作业管理”“做柜管理”，进入做柜作业单列表操作页面。选择要处理的作业单，点击“修改”，进入做柜作业单详细信息编辑页面，可以对作业单具体内容进行修改，如图 5-27 所示。

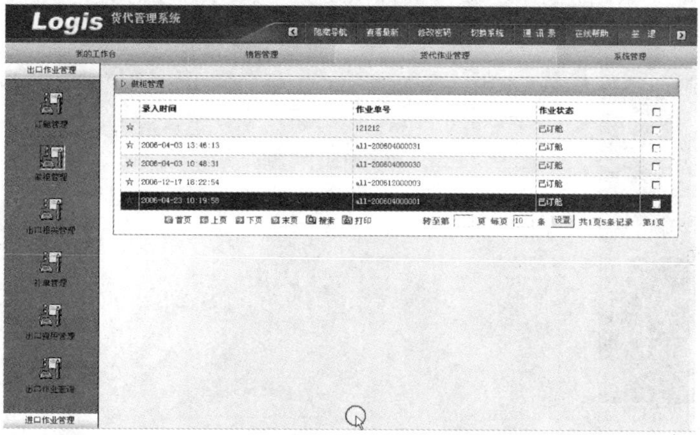

图 5-27　做柜管理

该页面包括货代作业单、费用信息、提单信息、货柜信息和拖车信息五个标签页。点击拖车信息标签页，编辑拖车信息页面中的内容，输入提单号。编辑完毕后，点击“提交”，保存信息，如图 5-28 所示。

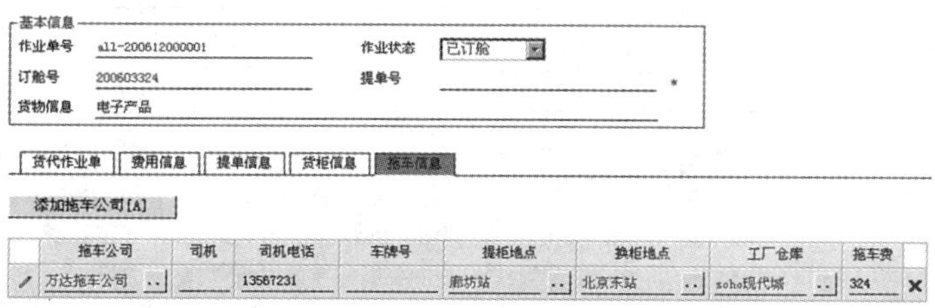

图 5-28　编辑拖车信息

再次进入订单列表页面，选择作业单进行“修改”“删除”和“查看”。在查看作业单页面可以打印装箱单。确认信息无误后，在作业单列表页面中选择要处理的作业单，点击“提交处理”，进入下一个业务环节。

(3) 出口报关管理

登录货运代理管理系统，依次点击“货代作业管理”“出口作业管理”“出口报关管理”，进入报关作业单列表操作页面，如图 5-29 所示。选择要处理的作业单，点击“修改”，进入报关作业单详细信息编辑页面，可以对作业单具体内容进行修改。

该页面包括货代作业单、费用信息、提单信息、货物信息、拖车信息和报关信息六个标签页。如果本作业单没有进行过做柜操作，系统将不显示货物信息页面。点击报关信息标签页，编辑报关信息页面中的内容，输入提单号。编辑完毕后，点击“提交”，保存信息，如图 5-30 所示。

进入出口报关单列表页面，选择出口报关单进行“修改”“删除”和“查看”。确认

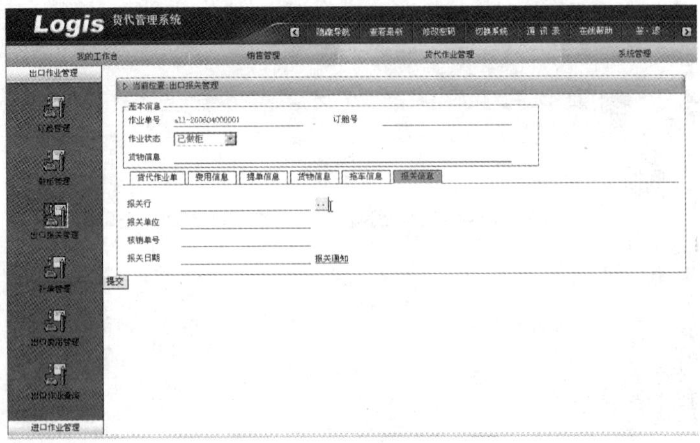

图 5-29　出口报关管理

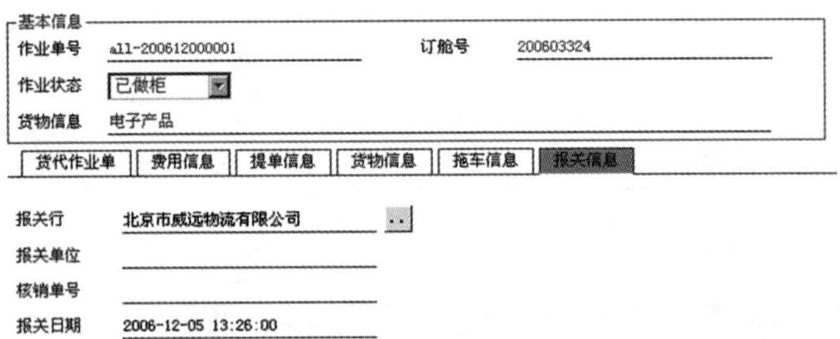

图 5-30　编辑报关信息

信息无误后，在出口报关单列表页面中选择要处理的出口报关单，点击“提交处理”，进入下一个业务环节，如图 5-31 所示。

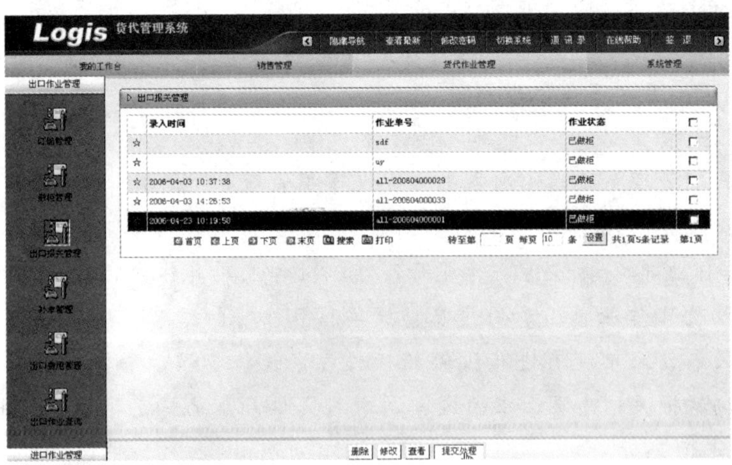

图 5-31　提交出口报关单

(4) 补单管理

登录货运代理管理系统，依次点击“货代作业管理”“出口作业管理”“补单管理”，进入补单作业单列表操作页面。选择要处理的作业单，点击“修改”，进入补单作业单详细信息编辑页面，可以对作业单具体内容进行修改，如图 5-32 所示。该页面包括货代作业单、费用信息、提单信息、货物信息和报关信息五个标签页。点击货物信息标签页，编辑该页面中的内容。编辑完毕后，点击“提交”，保存信息，如图 5-33 所示。

图 5-32　补单作业单

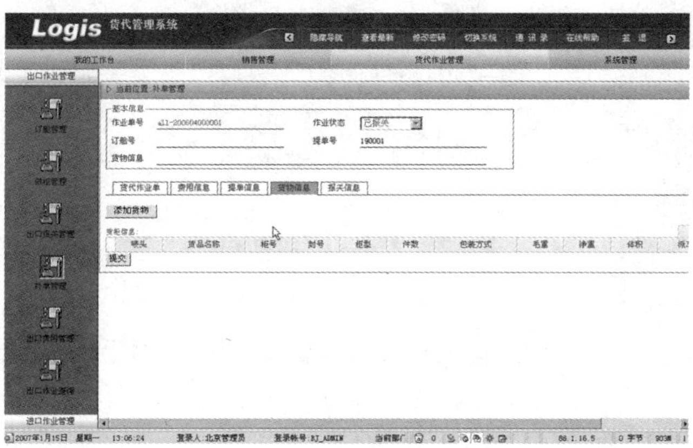

图 5-33　编辑补单信息

进入补单作业单列表页面，选择作业单进行“修改”“删除”和“查看”。在查看作业单页面可以打印提单。确认信息无误后，在补单作业单列表页面中选择要处理的订单，点击“提交处理”，进入下一个业务环节，如图 5-34 所示。

(5) 出口费用管理

登录货运代理管理系统，依次点击“货代作业管理”“出口作业管理”“出口费用管理”，进入费用结算作业单列表操作页面。选择要处理的作业单，点击“修改”，进入报关

图 5-34　提交补单作业单

作业单详细信息编辑页面，可以对作业单具体内容进行修改，如图 5-35 所示。该页面包括货代作业单、费用信息、提单信息、货物信息、拖车信息五个标签页。点击费用信息标签页，编辑费用信息页面中的内容。编辑完毕后，点击“提交”，保存信息。

图 5-35　出口费用管理

进入出口报关单列表页面，选择出口报关单进行“修改”“删除”和“查看”。确认信息无误后，在出口报关单列表页面中选择要处理的出口报关单，点击“提交处理”，完成作业单业务，如图 5-36 所示。

（6）出口作业查询

登录货运代理管理系统，依次点击“货代作业管理”“出口作业管理”“出口作业查询”，进入出口作业查询页面，如图 5-37 所示。

输入查询条件，点击“确定”，系统显示查询结果，如图 5-38 所示。在查询结果的相应条目上点击“明细”，系统显示作业单的详细信息页面，包括货代作业单、费用信息、

图 5-36　提交出口报关单

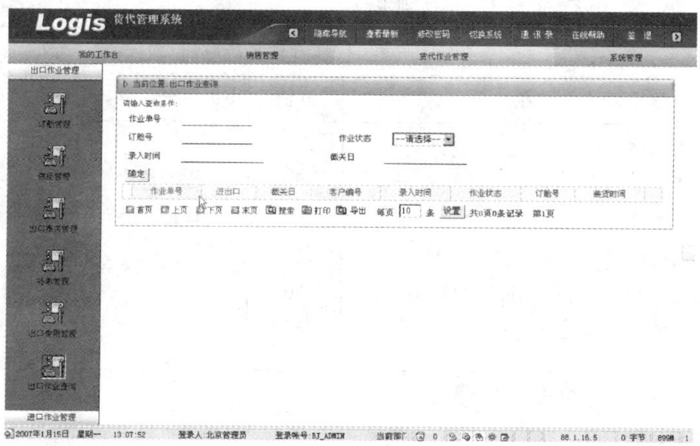

图 5-37　出口作业查询

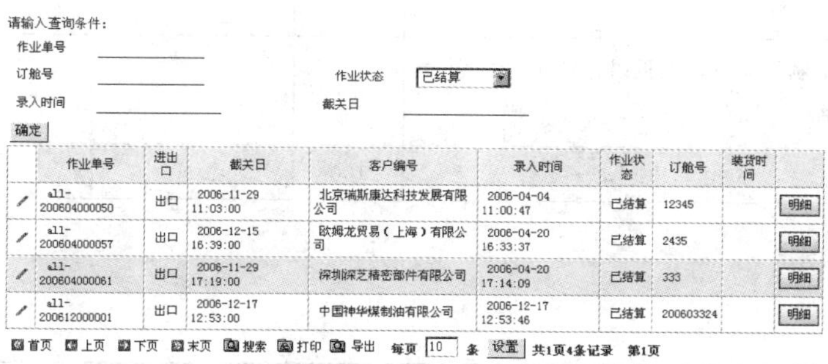

图 5-38　出口作业查询结果

提单信息、货物信息、拖车信息及单据打印等几个标签页。在单据打印标签页中，可以进行订舱单打印、装箱单打印、提单打印，如图 5-39 所示。

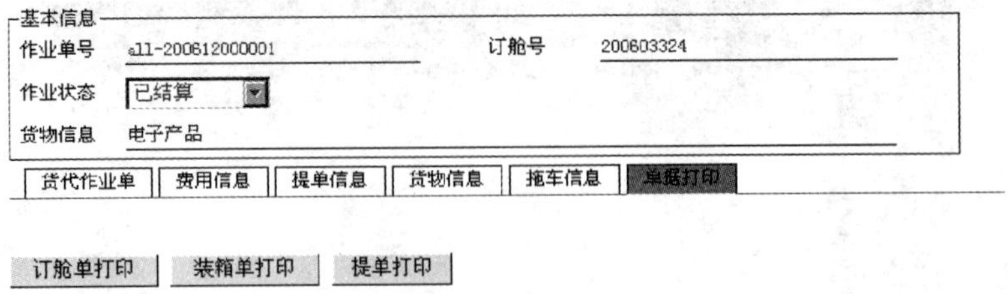

图 5-39 单据打印

5. 训练评价

完成训练后，填写技能训练评价表（见表 5-4）。

表 5-4 **技能训练评价表**

专业		班级		姓名	
实训时间		实训地点			
实训项目	货运代理管理系统应用				
序号	评价内容	分值	小组评分（50%）	教师评分（50%）	单项总分
1	正确描述货运代理管理系统的结构和主要功能	20			
2	按规定流程操作货运代理管理系统，正确编辑拖车信息、报关信息和费用信息，并打印订舱单和装箱单	50			
3	实训过程中遵守纪律，爱护设备，礼仪符合要求，团队合作好	5			
4	实训记录内容全面、真实、准确，实训报告撰写规范	15			
5	PPT 制作规范，汇报语言清楚，概念表达正确	10			
合计		100			
指导教师评语：					

思考练习题

1. 简述物流管理信息系统、仓库管理系统、运输管理系统和货运代理管理系统的概念。

2. 简述仓库管理系统的结构和功能。

3. 简述运输管理系统的结构和功能。

4. 简述货运代理管理系统的结构和功能。

第六章　物联网与云计算技术

随着传感器、芯片和网络技术的发展与普及，原本孤立的物体通过网络联结在一起。由此，在人和人互联的世界之外，产生了一个人和物体、物体和物体之间互联的世界，这就是物联网（IoT）。物联网作为新一代信息技术的典型代表，目前在全球范围内呈现爆发式增长态势，不同行业和不同类型的物联网应用为我们开启了万物互联时代。物联网已广泛应用于物流中的智能配送、可追溯系统、物流实时追踪等领域。

云计算是将大量用网络联结的计算资源统一管理和调度，构成一个计算资源池，向用户按需服务。云计算可以为物流行业有效整合信息资源，构建云平台，为物流企业提供云存储。

第一节　物联网技术

【引导案例】

物联网行业中的G公司

G公司是一家物联网公司，主要基于物联网与人工智能技术提供车队管理和相关增值服务，其客户覆盖了快递快运、电子商务、危险化学品运输、冷链物流、大宗运输、城市配送等物流领域。G公司构建了一套完整的智能化物流车队运输管理体系。

G公司将运力采购、运营、管理、结算的全过程数据化，为客户提供综合性运输解决方案。它能够用最先进的智能硬件技术获取车辆位置、发动机实时运行状态、驾驶员状态等数据，并通过对数据的分析帮助管理者优化管理措施，最终达到提升运输效率、提高经济效益等目的。

G公司的目标是，以智能终端为基础，用数据联结每一辆卡车、货主、车主和司机，提升运输服务效率，构建一站式服务平台，从而让物流更经济、更高效、更安全、更环保。

一、物联网概述

1. 物联网的概念

物联网是指通过感知设备，按照约定协议，联结物、人、系统和信息资源，对物理和虚拟世界的信息进行处理并做出反应的智能服务系统。

简而言之，物联网就是物物相连的互联网。首先，物联网的核心和基础仍然是互联网，它是互联网的应用拓展和网络延伸；其次，物联网的用户端延伸和扩展到了任何物体与物体之间，它们之间可以进行信息交换和通信。

物联网利用感知技术与智能装置对物理世界进行感知识别，将所获得的信息通过网络传输互联，并进行计算、处理和深度挖掘，实现人与物、物与物的信息交互和无缝连接，达到对物理世界进行实时控制、精确管理和科学决策的目的。

2. 物联网的类型

（1）私有物联网

私有物联网面向单一机构内部提供服务，由机构或其委托的第三方负责运行和维护，主要存在于机构内部内网中，也可存在于机构外部。

（2）公有物联网

公有物联网基于互联网向公众或大型用户群体提供服务，一般由机构或其委托的第三方负责运行和维护。

（3）社区物联网

社区物联网向一个关联的社区或机构群体（如一个城市政府下属的公安局、交通局等机构）提供服务。它可能由两个或两个以上的机构协同运营维护，它主要存在于内网和专网中。

（4）混合物联网

混合物联网是上述两种或两种以上的物联网的组合，但后台有统一运营维护实体。

二、物联网的体系、架构和标准

1. 物联网的总体体系

物联网的总体体系包括由感知层、网络层和应用层组成的网络架构，物联网技术和标准，服务业和制造业等相关产业，资源体系，隐私和安全，以及促进和规范物联网发展的法律、政策和国际治理体系，如图 6-1 所示。

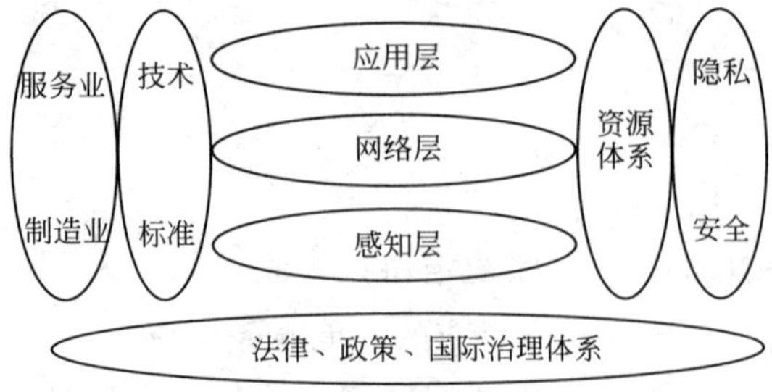

图 6-1　物联网的总体体系

2. 物联网网络架构

物联网网络架构由感知层、网络层和应用层组成，如图 6-2 所示。

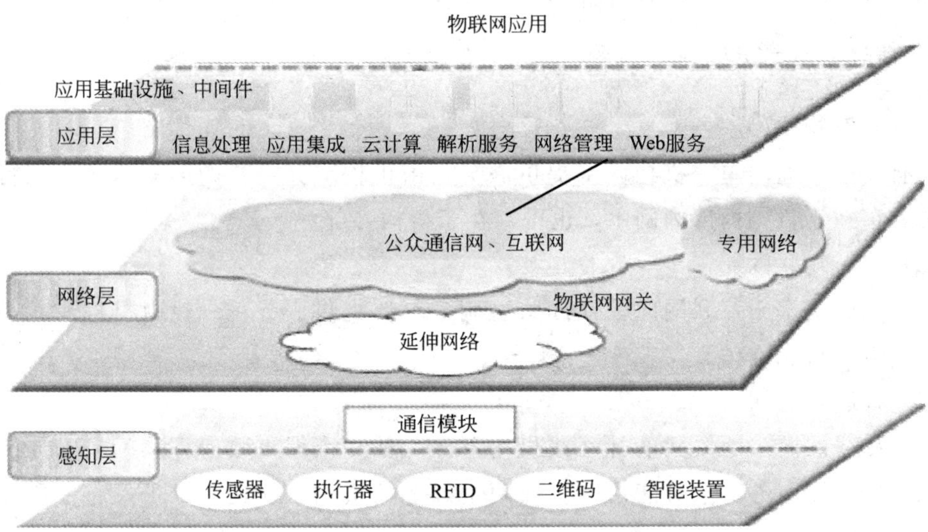

图 6-2　物联网网络架构

感知层可实现对物理世界的智能感知识别、信息采集处理和自动控制，并通过通信模块将物理实体连接到网络层和应用层。

网络层主要实现信息的传递和控制，包括延伸网、接入网和核心网，网络层可依托公众通信网和互联网，也可以依托行业专用网络。

应用层包括应用基础设施、中间件和各种物联网应用。应用基础设施、中间件为物联网应用提供信息处理、计算等通用基础服务设施、能力及资源调用接口，并以此为基础实现物联网在众多领域的各种应用。

3. 物联网技术体系

物联网涉及感知、控制、网络通信、微电子、计算机、软件、嵌入式系统、微机电等技术领域，因此物联网涵盖的技术也非常多。物联网技术体系可以分为感知技术、网络通信技术、应用技术、共性技术和支撑技术等部分，如图 6-3 所示。

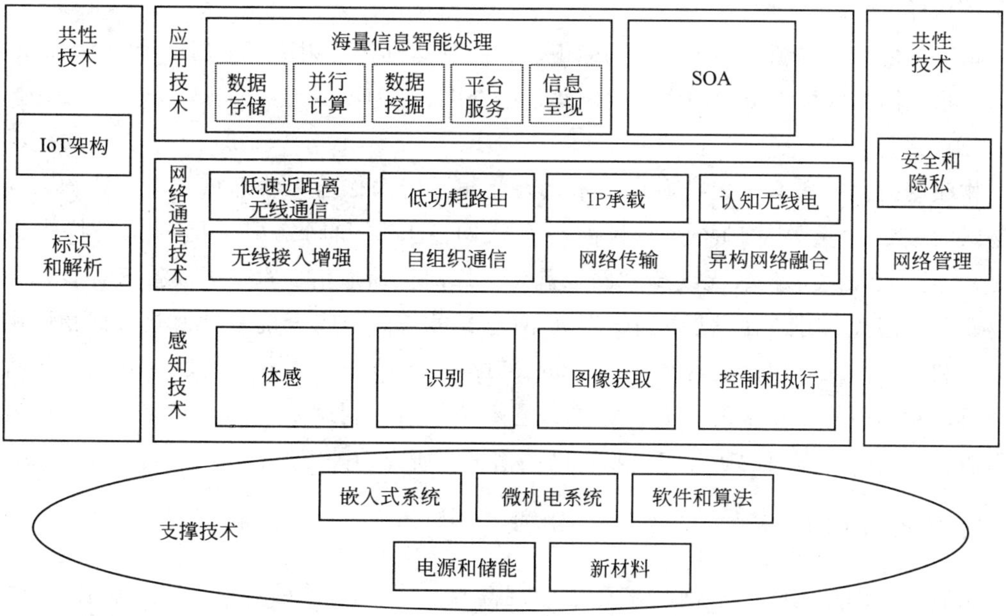

图 6-3　物联网技术体系

感知技术是物联网感知物理世界、获取信息和实现物体控制的首要环节。传感器将物理世界中的物理量、化学量、生物量转化成可供处理的数字信号。识别技术实现对物联网中物体标识和位置信息的获取。

网络通信技术主要实现物联网数据信息和控制信息的双向传递、路由和控制，重点包括低速近距离无线通信技术、低功耗路由技术、自组织通信技术、M2M（Machine to Machine）通信技术、IP 承载技术、网络传输技术、异构网络融合技术、无线接入增强技术及认知无线电技术等。

应用技术主要包括海量信息智能处理技术和面向服务的体系架构技术（SOA）。海量信息智能处理技术综合运用高性能计算、人工智能、数据库和模糊计算等技术，对收集的感知数据进行通用处理，重点涉及数据存储、并行计算、数据挖掘、平台服务、信息呈现等。

共性技术涉及网络的不同层面，主要包括架构技术、标识和解析技术、安全和隐私技术、网络管理技术等。

支撑技术包括嵌入式系统、微机电系统（MEMS）、软件和算法、电源和储能、新材料技术等技术。

4. 物联网资源体系

物联网发展中的关键资源主要包括标识资源和频谱资源。

（1）标识资源

物联网的标识资源主要包括条码标识、智能物体标识、射频标签标识和通信标识等。目前，物联网物体标识资源的主要问题是标准众多，很不统一。

（2）频谱资源

物联网的发展离不开无线通信技术，因此频谱资源作为无线通信的关键资源，同样是物联网发展的重要基础资源。目前在物联网感知层和网络层采用的无线技术包括RFID、近距离无线通信、无线局域网、蓝牙、蜂窝移动通信、宽带无线接入等技术。目前物联网应用大部分还在发展之中，物联网业务模型尚未完全确定，因此根据物联网业务模型和应用需求对频谱资源需求的分析、对多种无线技术体制“物联”带来的干扰问题分析、对频谱检测技术的研究、对提高空闲频谱频率利用率的方法研究、对物联网频谱资源管理方式等方面的研究将是物联网频谱资源研究的关键所在。

5. 物联网标准

物联网标准是国际物联网技术竞争的制高点。由于物联网涉及不同专业技术领域、不同行业应用部门，因此物联网标准既要涵盖面向不同应用的基础公共技术，也要涵盖满足行业特定需求的技术标准，既要包括国家标准，也要包括行业标准。

物联网标准体系相对庞杂，从物联网总体、感知层、网络层、应用层、共性技术标准体系五个层次可初步构建标准体系。物联网标准体系涵盖架构标准、应用需求标准、通信协议标准、标识标准、安全标准、应用标准、数据标准、信息处理标准、公共服务平台标准，每类标准还可能会涉及技术标准、协议标准、接口标准、设备标准、测试标准、互通标准等方面。

物联网总体性标准包括物联网导则、物联网总体架构、物联网业务需求等方面的标准。

感知层标准体系主要包括传感器等各类信息获取设备的电气和数据接口、感知数据模型、描述语言和数据结构的通用技术标准、射频标签及读写器的接口和协议、与特定行业和应用相关的感知层技术等方面的标准。

网络层标准体系主要包括物联网网关、近距离无线通信、自组织通信、M2M模组与平台、网络资源虚拟化、异构网络等方面的标准。

应用层标准体系主要包括应用层架构标准、信息智能处理技术标准，以及行业、公众应用类标准。

应用层架构标准重点涉及面向对象的服务架构，主要包括 SOA 体系架构、面向上层业务应用的流程管理、业务流程之间的通信协议、元数据以及 SOA 安全架构等方面的标准。

信息智能处理技术标准主要涉及云计算、数据存储、数据挖掘、海量智能信息处理和呈现等标准。其中云计算技术标准主要涉及开放云计算接口、云计算开放式虚拟化架构（资源管理与控制）、云计算互操作、云计算安全架构等方面。

共性技术标准体系包括标识和解析、服务质量、安全、网络管理技术标准。其中标识和解析标准包括编码、解析、认证、加密、隐私保护、管理，以及多标识互通标准。安全标准主要涉及安全体系架构、安全协议、支持多种网络融合的认证和加密技术、用户和应用隐私保护、虚拟化和匿名化、面向服务的自适应安全技术等。

三、物联网技术在物流中的主要应用

1. 基于 RFID 等技术的产品智能可追溯系统

以肉食品的可追溯系统为例。肉食品的供应链是饲养、屠宰、分割加工、零售。在应用中，可采用 RFID 动物耳标为每一个活体动物进行标识，利用射频标签可读写的功能，先读取对应母体的射频标签唯一标识编码，再复制和增加下级标识编码，写入对应该母体的分割肉的射频标签内，确保分割加工肉的标识与被分割加工的母体的标识一一对应。针对需要分割成可以满足市场零售要求的小块分割肉，先读取其射频标签，再转换成条码标识，并将条码标识粘贴于小块分割肉的包装上，以便零售。在整个肉食品的供应链中，肉食品自始至终都处于严格的监控中，从而保证了肉食品供应的安全。

2. 物流配送的可视化管理系统

物流配送的可视化管理系统能对物流配送过程中带有射频标签的货物进行全程追踪。当收货方对货物有质疑时，可以调出货物的真实录像信息，再现货物转运时的真实状态，从而使收货方可以直观、准确地了解货物的相关信息。这样就有效地避免了货物运输过程中丢失、损坏、调包等现象的发生，保障了消费者的合法权益。

3. 全自动化的物流配送中心

全自动化的物流配送中心实现了电子商务中信息流、物流、资金流的全面整合。全自动化的物流配送中心包括 AS/RS、自动给料系统、自动分拣系统、机器人码垛系统等，能够实现自动化、智能化。

4. 基于智能配货的物流网络化公共信息平台

在物联网环境下，对物流信息的采集、互联互通、管理、加工和应用都有新的需求，而这也促进了物流网络化公共信息平台的建设。以物流业中的快递业为例，传统快递业引入物联网技术后，有的快递货物可以植入 RFID 传感芯片，从客户将货物交给快递公司开始，直到货物被收货人取走为止，该货物将被全程监控。基于物联网技术的快递业务流程如图 6-4 所示。

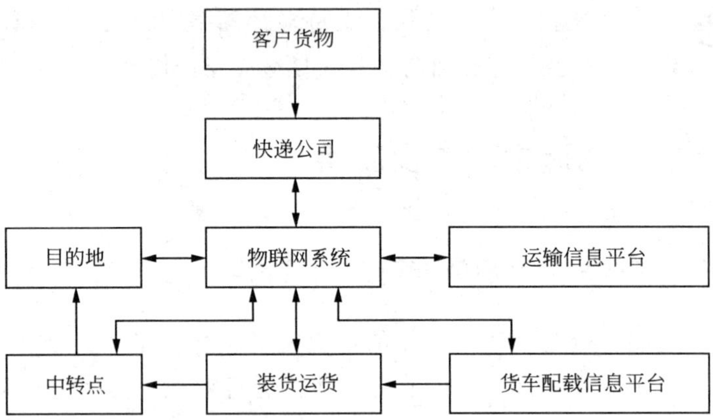

图 6-4　基于物联网技术的快递业务流程

第 1 步，客户将货物委托给快递公司。

第 2 步，快递公司将 RFID 传感芯片植入货物中，货物进入物联网系统。

第 3 步，物联网系统按照收货人的相关信息对货物进行分拣，并将有关信息发送至运输信息平台。

第 4 步，运输信息平台计算出货运路线，系统将信息发送至货车配载信息平台。

第 5 步，货车配载信息平台根据前面的信息自动选择运输货车。

第 6 步，装货运货。

第 7 步，货物经中转点运达目的地。

在快递过程的每一个环节中，货物的 RFID 传感芯片都将与物联网系统进行信息传递，从而实现了实时监控。货物在任何一个环节出现问题，都可以准确查出。货物损坏、调包、丢失，或是对运输过程中温度、湿度等的控制，甚至是谁什么时间将货物搬运到什么地点，都会有详细的记录，以便产生纠纷后追溯。整个过程中，以物联网系统为基础，以物联网技术为依托，快递业务流程公开、透明地呈现出来，不仅有效避免了一些人为的过错，同时也明确了各方的责任。

四、物联网的发展趋势

未来全球物联网将朝着规模化、协同化和智能化方向发展，同时，以物联网应用带动物联网产业将是世界各国的主要发展方向。

1. 规模化发展

随着世界各国对物联网技术、标准和应用的不断推进，物联网在各行业、各领域中的应用规模将逐步扩大，尤其是一些政府推动的国家性项目，将吸引大批有实力的企业进入物联网领域，大大推进物联网应用进程，对扩大物联网产业规模产生巨大作用。

2. 协同化发展

随着产业和标准的不断完善，物联网将朝协同化方向发展，形成不同物体间、不同企业间、不同行业间乃至不同地区或国家间物联网信息的互联互通互操作，应用模式将从闭环走向开环，最终形成可服务于不同行业和领域的全球化物联网应用体系。

3. 智能化发展

物联网将从目前简单的物体识别和信息采集，走向真正意义上的物联网，实时感知、网络交互和应用平台可控可用，实现信息在真实世界和虚拟空间之间的智能化流动。

4. 优先发展重点行业应用以带动物联网产业

物联网仍处于起步阶段，物联网产业支撑力度不足，行业需求需要引导，应用主体还需要培育和扶持，物联网产业还需要各国通过政策加以引导和扶持，因此未来各国将结合本国的优势产业，确定要重点发展的物联网应用行业及领域，尤其是电力、交通、物流等战略性基础行业以及能够大幅度促进经济发展的重点领域。

【知识链接】

智能交通

伴随着新的信息技术在仿真、通信网络、实时控制等领域的长足发展，智能交通系统开始进入人们的视野。发展智能交通系统的初衷就是为了应对日益严重的交通拥堵问题，但是物联网时代的智能交通绝不仅仅只是解决了堵车问题而已。

1. 电子不停车收费系统

电子不停车收费（ETC）系统是我国首个在全国范围内得到规模化应用的智能交通系统，它能够在车辆以正常速度行驶过收费站的时候自动收取费用，从而降低了收费站附近发生交通拥堵的概率。

在这种收费系统中，车辆需安装一个系统可唯一识别的名为电子标签的设备，在收费站的车道或公路上则设置可读写该电子标签的标签读写器和相应的计算机收费系统。车辆通过收费站点时，驾驶员不必停车交费，只需以系统允许的速度通过，车载电子标签便可自动与安装在路侧或门架上的标签读写器进行信息交换，收费计算机收集通过车辆信息，并将收集到的信息上传给后台服务器，服务器根据这些信息识别出道路使用者，然后自动从道路使用者的账户中扣除通行费。目前ETC产品主要应用于高速公路及路桥收费系统，未来ETC在城市智能交通领域将有广阔的市场前景。

2. 实时交通信息服务

实时的交通信息服务是智能交通系统重要的应用之一，它能够为出行者提供实时的信息，如交通线路、交通事故、安全提醒、天气情况等。信息服务系统能够告诉驾驶员他们目前所处的准确位置，通知他们当前路段和附近地区的交通和道路情况，帮助驾驶员选择更优的路线。系统可以帮助驾驶员找到附近的停车位，甚至预定停车位。系统还可以为乘客提供实时的公交车到站和公交车位置等信息，便于用户规划等车时间和出行时间。

3. 智能交通管理

智能交通管理是一个综合性智能产物，用到了无线通信技术、感知技术、视频车辆监测技术、GPS技术、探测车辆和设备技术等重要的物联网技术。智能交通管理主要包括交通控制设备，如交通信号灯、匝道流量控制器和公路上的动态交通信息牌。同时，一个城市或者一个省份的交通管理中心需要得到整个地区的交通流量状况，以便及时监测事故、危险天气或其他对车道具有潜在威胁的因素。

第二节　云计算技术

【引导案例】

云计算带来的改变

A公司是一家中型物流企业。过去，公司建立了一套自己的IT系统，为此，公司不仅要购买各种硬件等基础设施，还要购买各种软件，并要安排专门的人员进行维护。当企业规模扩大后，公司还要继续升级各种软硬件设施以满足业务发展需要。

后来，A公司购买了云计算服务，只是在需要时付少量“租金”，“租用”有关的软件和技术服务，并根据自身业务需要的变化对IT资源进行弹性扩展，这就在很大程度上避免了资源的冗余和浪费，公司的相关成本也大大降低了。

一、云计算的概念

云计算是一种基于互联网的计算方式，通过这种方式，共享的软硬件资源和信息可以按需提供给计算机和其他设备。云是网络、互联网的一种比喻说法。狭义的云计算是指 IT 基础设施的交付和使用模式，即通过网络以按需、易扩展的方式获得所需资源；广义的云计算是指服务的交付和使用模式，即通过网络以按需、易扩展的方式获得所需服务，这种服务可以是技术和软件服务，也可以是其他服务，它意味着计算能力也可以作为一种商品通过互联网进行流通。

典型的云计算提供商往往提供通用的网络业务应用，用户可以通过浏览器等软件或者其他 Web 服务来访问，而软件和数据都存储在服务器上。云计算服务通常提供通用的通过浏览器访问的在线商业应用，软件和数据可存储在数据中心。

二、云计算的特点

云计算能够提供丰富的计算资源、存储资源及网络资源，能够提供大规模数据存储、分享、管理、挖掘、搜索、分析等方面服务，具有出色的安全性、高度的隐私性和可靠性。在专业服务者的支持下，用户不用再担心数据的丢失或损坏，并通过严格的权限管理策略实现安全的数据共享。与传统的网络应用模式相比，云计算具有以下特点：

1. 性价比高

云计算使各类软硬件的使用模式发生了根本变化，企业不需要再直接采购软件、平台或基础设施，而是可以按需在线租用这些服务。这样既减少了费用，又获得了不逊于大型主机的计算性能。

2. 灵活性强

云计算的灵活性和兼容性非常强。云计算平台能够根据用户的需求快速配备计算能力及资源，用户可以根据自己的需求灵活选择服务，按需付费。云计算平台可以兼容低配置机器、不同厂商的硬件产品，还能够通过动态扩展获得更强的计算性能，将虚拟化的存储网络、操作系统、开发软件和硬件等资源统一进行管理。

“云”中的资源可以无限扩展，并且可以随时获取，按需使用，随时扩展。云计算还具有高效的运算能力，在原有服务器基础上增加云计算功能，能够使计算速度迅速提高，最终实现动态扩展虚拟化，达到对应用进行扩展的目的。

3. 可靠性强

云计算能够调动和使用强大的计算资源，稳定性更好。云计算平台由非常专业的人员来进行数据的安全维护，使安全管理水平更有保证。当服务器和设备出现故障时，系统可以通过虚拟化技术将分布在不同服务器上的应用予以恢复，或利用动态扩展功能部署新的服务器进行计算，从而保证云计算的正常运行。

三、云计算技术在物流中的作用

1. 串联和整合物流信息

云计算可以把单独、分散的物流资源整合起来，向更多用户提供更好的服务。云计算可以为物流的各个层面提供信息，把各个物流功能模块中的信息集中起来，进行全方位、大范围的物流信息共享，并为物流管理、控制与指挥提供支持，成为物流系统的神经中枢。它可以对物流行业的各个层面提供支持，既可以为企业提供数据共享，也可以在管理层面进行相关的统计、控制。通过云计算对物流信息进行整合，可以加强物流企业对物流信息的有效管理，同时对业务进行支撑的可用性也大大提高了。例如，在车辆配载、运输过程监控等物流运输领域，借助云计算，企业可以多方收集货源和车辆信息，并使物流配载信息提前得以发布，从而加快了物流配载的速度，提高了配载的成功率。

2. 提供云存储

随着物流企业不断发展，企业的数据量随之不断增长，也就相应产生了更多的存储需求，如更多的存储设备、软件和维护人员等。云计算平台可以为物流企业提供存储空间租赁服务，通过高性能、大容量云存储系统，可以满足物流企业不断增加的在业务数据存储和管理服务方面的需求。在此基础上，云计算平台还可以为物流企业提供视频监控系统。

3. 保证数据安全

云计算可以为物流企业提供专业的数据管理和维护，有效保证云存储系统运行安全，确保数据不会丢失。在必要时，可以为物流企业提供远程数据备份，为其快速恢复数据。

【知识链接】

智慧物流

智慧物流是利用集成智能化技术，使物流系统能模仿人的智能，具有感知、学习、推理、判断和自行解决物流中某些问题的能力，即在流通过程中获取并分析信息、做出决策，对商品从源头开始实施跟踪与管理，实现信息流快于实物流，也即通过RFID、传感器、移动通信技术等实现配送货物自动化、信息化和网络化。

智慧物流的智慧性体现在：实现监控的智能化，主动监控车辆与货物，主动分析、获取信息，实现物流过程的全监控；实现企业内、外部数据传递的智能化，通过EDI等技术实现整个供应链的一体化、柔性化；实现企业物流决策的智能化，通过实时的数据监控、对比分析，实现对物流过程与调度的不断优化，对客户个性化需求的及时响应；在大量基础数据和智能分析的基础上，实现物流战略规划的建模仿真、预测，确保未来物流战略的准确性和科学性。

智慧物流的不同环节需要不同的物联网技术支撑才能实现相应的功能。感知互动层主要进行的是物体的感知和识别，应用到的典型技术有射频识别技术、传感器技术、GPS技术等；网络传输层依靠的是互联网技术和移动信息技术，来完成相应的信息处理和网络通信；应用服务层各种应用的实现主要基于M2M技术及管理平台。

思考练习题

1. 简述物联网的概念。
2. 物联网可分为哪几种类型？
3. 简述物联网的总体体系。
4. 简述物联网技术在物流中的主要应用。
5. 简述云计算的特点。
6. 云计算技术在物流中有哪些作用？